U0458277

挑战不可能

十年非凡冒险经历

MISSION POSSIBLE

[英] 阿什·戴克斯（ASH DYKES）◎ 著

王晨 ◎ 译

上海三联书店

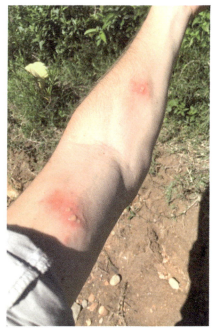

目　录

序语：戈壁沙漠，2014

我躺在坚硬的沙地上，锐利的石头像钉子一样扎进我的背。位于身体上方几厘米处，是我的钢底板拖车，上面装着我的帐篷和其他装备，我尽量避免碰到晒得滚烫的金属。我在下面小心翼翼地挪动，使上半身不暴露在灼热的阳光里，但我的腿还是露在阴影外面，它们好像要融化了。我想象着假如周围有人，他们会怎么看我。但方圆数英里之外连个鬼影子都不会有：在我的思绪里，摄像机越升越高，镜头逐渐拉开，一片空旷、广袤的浅色沙漠明亮而刺眼，直到我变成一个微不足道的小点，渐渐消失在视野里。

我把水壶送到自己长满水疱的嘴唇边。我一直在幻想凉爽、清澈、新鲜的水，汩汩冒泡的小溪，喷涌而出的水龙头——然而在水壶里放了太久的那点儿残渣热得就像茶水,而且喝起来有股酸味。高温真是残酷无情——此时一定超过了40℃——我从早上就开始艰难跋涉,此时早就已经十分虚弱,变得有点神志不清。因为一直在地平线上寻找可以扎营休息的地方,双眼也疲惫不堪。至此我已经在戈壁沙漠中徒步43天了;拽着18英石重(约120公斤)的拖车在沙子上行走从一开始就很艰难,而现在每一步都像是严苛的挑战。我上一次吃的东西很快就在体内消耗光了,我的身体完全是在凭空支撑。当我的身体苦苦挣扎的时候,我的思绪开始恍惚起来。

我走进了戈壁沙漠,它被称为世界上最严酷的沙漠。我做这件事比预料得要早,而且选择了一条没有确定水源的路线。此前我已经不得不在几周的时间里实行配额供水,此时脱水也严重起来,尽管我自己没有感觉到任何症状。然而此时,我来到了这条沙漠穿越路线的最炎热最艰难的部分,一连好几天都没有饮水点,我终于以最严峻的方式感受到了脱水的后果。我想起此前在四周一片荒凉的沙漠中走过时,看到的形状怪异的骆驼骨架。一个想法突然闯入我的脑中,像从雾气里突然显现——这就是我的"不可能之日":这一天我不会成功,这一天我的探险将失败,这一天我会死。

人们早就说，用这种方式穿越这个国家是不可能的——全程徒步走过所有山脉、沙漠和干草原……没有人做到过。"这就是不可能"，他们说。他们是对的吗？

不！

如果我再往前 100 米，我就能休息一下。如果我像这样一点点挪，就能走到下一个落脚点，不管需要多长时间，到时候就会有人给我水了。我必须坚信这一点。也许是想证明别人错了、证明我可以做到，也许只是活下去的意愿，这念头刺激了我让我重新振作了起来。我的肌肉酸痛，但我用咬紧牙关和骂骂咧咧来减轻痛苦。必须坚持，我对自己说，无论如何都必须坚持。下定了决心继续向前，我将目标分成一小步一小步。一步走完再走一步。

我相信是逆境下的韧性和精神力量，让我熬过那一天，让一切成为了可能。还要感谢之前的经历——如果没有之前做过的每件事，我不知道自己是不是能徒步穿越蒙古。前些年在旅程中的走过的每一步铸成了一股强大的力量，帮助我活了下来。

这是我的第一次大冒险，我在 23 岁这年完成了它——在无支持状态下独自穿越蒙古，成为全世界已知第一个这么做的人。早在几年前，我就已经决定,要去探索未知的领域,把我自己扔出舒适区,扩展我的极限,尽可能去经历更多试探更多的"可能性"。我天生就有永不满足的探索精神和自我挑战的欲望。对我而言,这才是活着的意义。

对于在北威尔士一座普通小镇上的一条普通街上长大的男孩来说,想要实现这样一个巨大的梦想,简直是疯了呢。

第一部分：出发

1

制作计划，积攒旅费

当我的闹钟响起时，天还是黑的：凌晨 4 点。我迅速关上闹钟，希望自己能够忽略它——但是在昏暗的卧室里，我可以看到挂在对面墙上的世界地图，而且深深地知道自己为什么要做这些。我掀开被子，振奋精神迎接寒冷，然后抓起我的背包，蹑手蹑脚地走进门厅，避开那块会嘎吱作响的地板，以免吵醒布罗迪。五分钟后我已经打开后门，跳上了我的自行车。啊，北威尔士沿海的冬天真是要命！唯一的办法是尽可能快地骑车，让心脏跳得快一些，身体也会变得暖和一些，并且不断提醒自己，因为不开车正在省下那些钱。

八英里后，我来到了兰迪德诺（Llandudno）室内游泳池的停车场。锁上自行车，我径直走进了淋浴间，打开灯，把我需要的所有东西从背包里拿出来。热水让我感觉棒极了，洗澡的时候我还能听到其他人来上早班的声音。我穿上统一配备的马球衫和短裤，在走廊里碰见马特的时候和他击了个掌，来到游泳池边我的岗位上，熟悉的漂白粉和人体的气味让我不自觉地皱了皱鼻子。我已经准备好迎接一个无聊透顶的上午了，我要做的基本上只是看着那些常客在水里上上下下。上上下下。上上下下。

惯例和重复是我痛恨和斗争的东西。但当时，18 岁的我是一个有任务在身的年轻人。我拥有一个目标。回到家的时候，我需要做计划——因此我才选择了早上五点到下午两点的排班，这样一下午时间都是我自己的。这一切都是为了攒钱以及在我的空余时间制订计划。我想相信自己正在成为一名探险家的道路上，但在老科尔温（Old Colwyn）这样的小镇上，在我上的那所普普通通的综合中学，没有人会向学生提供这种职业选择，所以我只能自己琢磨可行之道。

在学校，我总能得到许多乐趣，但也许太有乐趣了，让某些老师感到头疼。我喜欢学校，但不喜欢那里的课程,而是喜欢社交生活。我是最小的孩子之一,但也是最吵闹和最自负的孩子之一,我会在教室里胡闹,容易分心,对我不关心的科目提不起兴趣。我就是你身边的那种十几岁的男孩,每天老想着怎么过得快活,享受当下。

我不是个特别淘气的孩子,但我的确爱冒险。有一次我在街上骑着自行车冲下来,一辆汽车刚好开出来把我撞翻了。还有一次我不知怎么从自行车上摔下来,弄断了自己的锁骨,而且我讨厌戴头盔,因为它会让我显得很傻。有一次我在骑车的时候耍特技,结果摔了个狗吃屎。我能感觉到自己的牙齿崩裂了。我迅速爬起来,对我的朋友说:"别告诉我妈! 她发现不了的!"

他笑着说,"你没得选,她肯定会发现的——看看你的脸吧!"

我看向一辆汽车的后视镜,看见我的脸惨不忍睹,到处都是血。

周末和假期都被我用来踢足球或打网球,以及在离家近的野外骑山地自行车和露营:斯诺登尼亚国家公园(Snowdonia National Park)的山脉只有一箭之遥,那里有布满森林的山丘,拥有一片巨大开阔的海滩。我热爱运动;我愿意尝试一切项目,而且还是个健身狂热分子,代表威尔士参加过越野跑比赛。我14岁的时候,爸爸给家里买了一台多功能健身器和一台跑步机,于是我就开始了更多训练——我在因特网上研究和阅读,从中学习健身技巧,包括使用自负重而非机械负重进行训练。

在学校里争取爱丁堡公爵奖(Duke of Edinburgh Award)的时候,我们必须去做志愿消防服务。当时我们一共去了大约25个小伙子,消防队员为我们准备了一项比赛,看看谁能在既定的时间里做最多个俯卧撑、引体向上和仰卧起坐。我肯定不是志愿者中块头最大的,但我的好胜心占据了上风,飙升的肾上腺素让我火力全开,毫无保留。开始的哨声响起时,我气喘吁吁,满脸通红,上气不接下气,脉搏跳得飞快。结束后我们站成一排等待结果。"第一名——阿什·戴克斯!"竞赛对身体性能的影响真是令人难以置信。

我的父母也喜欢锻炼和户外运动,所以在很小的时候,它们就已经是我生活的一部分。我记得自己11岁时就已经陪着我爸慢跑了,我那时精力旺盛得很,我们会在高低起伏的山丘地形跑5英里,他已经精疲力尽的时候我还在用拳头打树叶,不停地说着话。我还跟我爸爬过斯诺登山;我们本来打算走上去，结果变成了慢跑登山，跑步下山。和我的姐姐塔什一起，我们曾经在全家度假和出游时出国旅行过几次，去过兰萨罗特岛（Lanzarote）、美国和加拿大，而且我们从不是那种围在游泳池边悠哉悠哉地过完一周的人，总是会租一辆车到处看风景或者参加不同的活动。我们曾经在拉普兰（Lapland）度过了一个冬季运动假期——滑雪、摩托雪橇、单板滑雪，还驾驶了爱斯基摩犬和驯鹿拉的雪橇。这些都是非常有趣而且充实的假期。我喜欢让人肾上腺素飙升的东西——我们在美国去主题公园的时候，我总是坐在过山车上不肯下来。

在学校完成普通中等教育证书的教育之后，我不知道自己接下来想做什么。我的父母从没有像老派的上一代那样教育我"你必须做这个，你必须做那个"。他们是很酷的父母，给我充分的自由，但也会给我严格的指导，以免我误入歧途。于是他们要求我必须接受更多教育，不过我得到了一个选择：继续学习普通教育高级证书（A-levels）的课程，或者去学院。对我来说，后者是显而易见的答案，于是我找到了一个两年的课程，学完可以获得商业与技术教育委员会（BTEC）的户外教育国家文凭，而且除了书本之外，它还提供很多实践经验。

我提交了申请并得到了面试机会——但在完成考试之后,我发现自己没有入学所需的分数。教学主管说他注意到对于像我这样小的年纪来说,我拥有大量户外经验,所以他愿意冒险将经验置于分数之上,仅此一次。我高兴坏了,而且下决心不让他失望。课程包括许多理论,但这是我真正感兴趣的内容,还有大量户外实践——攀岩、冬季登山、雪崩意识、皮划艇和独木舟。而我积极投身于每种活动。

参加课程的许多人都有顶级防水装备,当他们看到我穿着一件阿迪达斯"防毛毛雨"外套时,所有人都对我说"你穿着这个肯定要遭殃的——它是在足球场上穿的,而不是山里,更不是冬天!"我把这种境遇当成一种挑战,证明他们错了的挑战。"没这回事,那都是心理因素。"我笑着说。后来当我浑身湿透并因为寒冷发抖的时候,我却摆出一副勇敢的表情,好像我完全没有问题,温暖又干爽……我觉得他们相信我了。而这又让我产生了更多探险精神。

随着第一年的学习即将结束,每个人都开始考虑自己接下来要做什么。又到了抉择时刻了。有些人想去加入英国皇家空军或陆军,有些人想继续去上大学,这样以后就能当老师。我仍然不能完全确定自己想要什么——但我肯定不想再继续留在教室里了,而且我也没有欲望投入那种传统的朝九晚五式的枯燥人生,为了周末而生活,得过且过地直到死去。人生如此短暂,我在 17 岁的时候就这么觉得了;为什么不用上天恩赐给你的时间去体验尽可能多的东西呢?我想去做某种了不起的事情。生活不应该只是活着。英国特种航空队(SAS)听上去特别令人兴奋,但我相信我可以自己找到艰难的挑战。我想要某种令人振奋的东西,让我在生活的刀刃上游走。

我想我大概是个梦想家;我在晚上总是看那些关于野生动物和遥远部落的纪录片,看得入迷。外面是那么大的一个世界,有那么多可以发现的东西,而我知道的却如此之少。我会幻想自己去国外探险,探索不同的国家,了解当地的生活方式,在极端条件下的壮阔探险中面临各种各样的危险和困难。我设想过以这种方式提升自己,而且认为将自己投身到外面的世界将使我变成更强大更睿智的人。

我十分看重经验。我总是愿意花时间聆听那些到过某个地方、做成某件事的人所说的话。那些克服重重困难达成伟大成就的人一直鼓舞着我,他们是各行各业的那些意志坚定的人、有所成就的人,他们是运动员以及在他们所在的任何领域出类拔萃的人。

我的确考虑过体育——努力训练似乎能重启我的思维,让我相信任何事都有可能——但是对我来说,旅行让我兴奋得多。没有限制,没有教练告诉我要做什么,不要做什么:我就是自己的领导者。自由与多样而非限制和重复,这样的概念最让我激动。当你在旅行的时候,每条路都是不同的。会有不可思议的时刻,恐惧的时刻甚至威胁生命的时刻;我感觉自己已经准备好了——就算我没有准备好,我也觉得从经验和错误中学习是成长的最佳方式。作为一名运动员,在某种程度上你处于自己的舒适区之内——你的餐饮有人照看,你的训练计划有人照看——而我喜欢掌控所有一切的感觉,自己做主而且必须学习,挖掘自己的最大潜能。

这听上去非常迷人而且大胆,但看上去也近乎不可能。我的学院课程才上到一半,我把钱花在一辆汽车的改装上,安装了我在易趣网上买到的二手车身套件、音响系统和铝合金车轮——成长过程中的一个阶段,不过是个昂贵的阶段——而且我仍然在当服务员,每小时挣三到四英镑。以这个速度,我根本不可能攒下足够的钱,开始着手将我的梦想变成现实。将来会有太多变数阻碍它的实现。这个想法太轻佻了,没有可行性。然而我越想着它,我就越想得到它。学院生活即将结束的一天,在我去上班之前,我对我爸说了我在计划的东西。

我爸是个很酷的人;他更像是一个大哥,我们相处得很好,会一起放声大笑。他立刻就被我的想法吸引住了,说他很喜欢。我们马上拿出纸和笔到了屋外。那是一个炎热的夏日,我的弟弟布罗迪当时才三岁,正坐在荫凉下的草坪上玩耍,我妈正在做园艺活儿。我爸和我坐在露台的椅子上,彼此交换想法,共同制定出一个计划。

我知道自己的父母不是那种为了让我轻松而给我一大笔钱的人,况且他们也根本没有一大笔钱可以给我。在我长大期间,爸爸做过很多工作,从财务顾问和按揭顾问到店铺经理他都做过。我妈为英国国民健康保险制度(NHS)兼职,在一个医生的诊疗室当药品配发员——家里有个能提供急救药品的人还是挺方便的,还为英国全国防止虐待儿童学会(NSPCC)的儿童热线做志愿者的工作。他们已经工作得非常努力了,而且除了我和我姐姐塔什(她在北威尔士的班戈大学攻读犯罪学)之外,他们还得照顾布罗迪。

当我需要父母的时候,他们总是在那里,但他们不想让我太过依赖，以免我不能做好自己的事；他们想把我培养成能够自己解决问题的人。他们对我是百分之百支持的，总是准备好倾听、帮助和给予指导，但他们向我灌输的感觉是，如果有什么事需要做，你要自己去做——没有人会把做好的东西用盘子端上来，让你坐享其成。

于是爸爸和我坐在那里，一边交流一边画出了一张思维导图。它基本上是一张画在白纸上的蜘蛛网图："旅行世界"几个字写在正中央，四周是许多向各个方向发散的线条，仿佛这些线是通向这个目标的道路一样。然后我在每根线条末端的小圆圈里写下我想要的东西（从目的地到持续时间），以及我必须计划的东西（从签证到疫苗）。

我制定了详细的攒钱计划，详细到我每天可以工作几个小时，我每个月可以攒多少钱，以及我可以从什么时候开始打算出发。我写下了"出国旅行条件"——或许我可以一边旅行一边挣钱。

然后我把它贴在了我的卧室。我还挂了一幅巨大的世界地图，我还在地图中央放了一枚朋友给我的徽章，上面写着英国特种航空队的格言，"勇者必胜"。

根据我的计算，想要完成一段相当长时间的旅行,我需要大约 10000—12000 英镑。与其想着一下子完成这个目标,不如将这个目标分解成更小的部分,然后一步一步地完成每个部分,每一步都会让我更接近最终目标。当时我的汽车要花不少钱——税,车辆年检,汽油——于是我决定把它卖掉,给自己买一辆自行车,开始骑车通勤。第一步:完成!

每小时挣三四英镑的服务员工作让我没法儿攒多少钱,因此我决定在学院第二年开始之前的暑假考下救生员资格证。我听说对于十几岁的青少年来说,救生员是个报酬很不错的工作。拿到证书之后,就在即将过 18 岁生日的前几天,我在兰迪德诺室内游泳场得到了一份工作,并且对游泳场提供的每个轮班都来者不拒。

我很快就开始长时间工作了,每月工作大约200—240 个小时,天还不亮的时候就起床,骑自行车去上班,我还得从家里蹑手蹑脚地溜出来以免吵醒我的小弟弟,他要是哭闹起来会把我爸妈也吵醒的。看着人们在水里上上下下地游泳,这工作真是让我无聊到想哭,但是我决定盯紧目标不放。我晚上不再出去玩了,这只是我省下旅费的方法之一。我是一个对自己非常严格且自律的人,我不但不和朋友一起去小酒馆,我还待在家里,为我的旅行和训练做计划。

渐渐地,在那个夏天,我卧室的墙上不仅贴上了思维导图和世界地图,还添加了许多我想要去的地方的照片,以及激励人心的名人格言。我喜欢吸引力法则这个概念,就是说只要我们将自己对生活的理想状态设想出来,产生积极而非消极的想法,那么无论我们关注的是什么,我们最终都会把它吸引到我们的生活中来。我想要推动自己,去发现什么是可能的。

我的朋友们并不总是能理解我。我最好的朋友之一在他的墙上贴着《辛普森一家》的剧照和摔跤冠军的照片——我们完全不同,但或许正因如此,我们的关系才这么好。当我告诉他我想在某一天登上中国的长城时,他挠了挠头说,"然后呢——然后你会干什么,我是说在你回来之后?"他没办法将这件事本身看作一个目标,因为他想要充满奢侈品的舒适生活——这没什么不对的,但不是我想要的。激励我的是不同的东西。

和我一起当救生员的这帮伙计都很有趣,我开始花更多时间和他们在一起——部分原因在于我几乎住在那里。上完早班之后,我骑车回到家,常常接到让我回去的电话——他们知道我想要这些工时,因为我下决心尽可能多攒一些钱。于是我就会一路骑回去，再上一轮班。我们会相视大笑，把彼此推进游泳池，而且常常用傻里傻气的东西来撑过这一天。

马特是和我一起值班的另一名救生员，我还记得第一次和他聊天的情形，那天可真令人难忘。那是一个安静的下午，游泳池里只有一个人，我们俩一起看着她的游泳帽在游泳池里转圈，上上下下，上上下下……我开始抱怨最近的健康安全条例。管理部门刚刚通过张贴在员工室的一张通知告诉我们，我们不能再向儿童分发浮板。

"你能相信么？就因为如果有孩子把浮板放在水下，它就有可能弹出来，砸在他们的脸上。他们会受伤的——被一块泡沫塑料板砸伤！我跟你说我真受不了，哥们——也许这真的安全吧，但这肯定不健康……"

马特看着我在那里抱怨，然后他一个字儿也没说，用一块浮板砸了一下自己鼻子，然后极尽夸张之能事翻起白眼，假装被砸晕了的样子。我俩一起大笑起来。

"我的意思是，台阶上不应该有'注意台阶'的牌子。你自己有眼睛：你应该使用自己的眼睛。你必须从错误中学习嘛。"

说真的,我讨厌所有这些规则,而且当健康安全条例说我们不能上那么多班,也不能和同事嬉闹并把他们扔进游泳池的时候,我就更讨厌健康安全条例了。但是与此同时,我和马特成了朋友。他比我大一岁,而且在高中最后一年时住在我隔壁,但是因为他比我大一级,所以我那时基本没和他说过话。他相当内向且安静;有点捉摸不透。我对他了解不多。

他在18岁时发生过一场非常不幸的车祸,此后我才对他关注起来。他是唯一的幸存者;和他在同一辆车里的两个朋友都死了,另一辆车的司机也死了。马特坐在后座上,消防员花了很长时间才把他从车里救出来;他非常幸运地得以脱身,只是弄断了一条腿。他有一段时间没来工作。我们都被这次车祸震惊了。

我们聊天的时候,他曾经问过我参加的那些户外课程。我把所有情况都跟他说了,然后他问道:

"那为什么你不想成为一名户外教练呢?"

这下可打开了我的话匣子。我滔滔不绝地讲起了自己最疯狂的一些旅行计划。我的热情一定感染了他,因为他承认自己也喜欢出去探险的想法。事实上他说他不介意跟我一起去。这让我感觉自己有了和另一个朋友一起出行的松散安排,而在这个时候我只是刚刚认识马特。我不知道我们会不会合得来。不过没过多长时间,我就发现我们俩很合拍,而且疯狂冒险真的是他很想做的事情。

他向我解释道,那场事故改变了他对人生的看法,因为他意识到从生到死可以发生得多么迅速。得到人生的第二次机会之后,这件事让他决定走出去,真正地过自己的生活。他意识到生命是多么宝贵,重要的是做那些让你感觉活着的事情,那些你欣赏的事情。

我们开始经常见面,讨论想法和计划。我们的碰面总是令人激动,一边翻看杂志,一边想象我们可以去的不同地方,我们可以做的各种事情——参加全世界最高的蹦极、学习如何冲浪、尝试各种武术,以及从部落社群学习生存技能。我们当中的某个人会提出一个概念,从来没有出现过"嗯,我并是不很喜欢……"的情况。一直都是,"对,我喜欢!"所以我知道他会是个很棒的旅伴。

这成了我们的生活模式,而我们对此着了迷,我们努力工作并专心致志,但在这个过程中也好好大笑大闹了一番,经常彼此捉弄。有一天我们下班之后一起骑着自行车逆风回家,碰到有一道栏杆将路一分为二。我对马特说，"你走左边，我走右边。"我以为他会知道我要要什么把戏，没想到我骗到他了。他同意了，沿着左边的路下了坡，而我哈哈大笑地走了另一条路，知道他会骑到一道长阶梯的底部。他只能一边把自行车扛上台阶，边笑边吼我，笑声和叫声在风中飘荡。正是这种不停的戏谑和逗乐让我们成为了好朋友。

马特也很专注，而且当他看到我在做的所有那些训练后——包括慢跑、骑车、拳击、台阶和/或上坡冲刺跑，以及自负重锻炼如俯卧撑、引体向上和仰卧起坐等——他也想进行训练，做好身体上的准备。他在刚开始的时候必须小心，但我会在旁边帮助他，和他一起进行短距离的慢跑，直到他说感觉身体和精神都比以前更好之后，再逐渐增加训练量。很快我们就都深受鼓舞，并且相信只要我们保持专注，就能做到我们想做的任何事情。

马特的父母对于他想要前往世界另一端的想法总是持谨慎的态度——这太正常了，毕竟他曾如此幸运地从车祸中幸存下来。他们是和我们完全不同的一代人，所以这个计划有点让他们感到震惊，马特必须逐渐让他们接受，在他们面前一点点地延长自己计划的旅行时间。一旦他们意识到这是他真正想要的,他们就决定支持他。

至于我的父母,我爸从一开始就参与了我的计划和准备,所以他知道我正在以恰当的方式做这些事情。开始的时候妈妈更担心一些。但我妈和我的关系非常亲密;她总是陪在我身边和我进行深思熟虑的讨论,让我保持头脑清醒。妈妈参与了我所做的每一件事,她很快习惯了这个想法,也为我感到兴奋和激动。马特和我计划在接下来的四年里离开家乡到外面去,一边旅行一边工作,不过在此期间我们也可以时不时地回家一趟。

在那一年,马特和我尽可能多地上班,而且尽量安排在相同的班次,以便讨论事情、彼此监督和激励对方。我们形成了牢固的友谊。就是在这个时候,我提出如果钱花完了,我们可以在国外工作,而不必马上收拾行李回家。世界上有那么多的机会,没有必要把目光局限在我们出生的这座小岛上。一开始我们考虑的是成为滑雪教练,但那必须先花一大笔钱才行,于是我们转而考虑成为水肺潜水教练。既然全世界的 75% 都是水,而且海岸上生活着全世界最多的人口,那么只要我们学会水肺潜水,我们就能在旅行时找到工作,无论是在亚洲、澳大利亚或者其他地方。

我们在英格兰的切斯特（Chester）找到了一个训练基地，离我们不算太远。我们可以在这里得到开放水域（Open Water）潜水证、进阶（Advanced）潜水证和和救援（Rescue）潜水证——这是前三个级别的潜水证书。在此之后，你需要记录潜水过程，获得潜水长（Dive Master）的资格，然后才能开始工作，协助潜水教练的教学。在能够开始工作之前，我们需要记录 60 次潜水，但我们可以在旅途中完成这个阶段，一旦取得资格，我们就可以为旅行提供长期资金。

于是有那么一阵子，我们当救生员攒下来的钱有一部分花在了开放水域的潜水训练上，有时候我们在灰色的寒冷海水中训练，有时候则是在灌满水的采石场里。英国潜水员一直有全世界水平最高的名声，因为他们被迫在这么糟糕的条件下训练。哇，我们在心里想着：经历了这个，我们什么都不怕了。

进阶课程的第一次深潜发生在一个寒冷、阴暗的冬日，地点是位于兰拉夫尼（Llanllyfni）的多罗西娅采石场（Dorothea Quarry）。这座大型板岩采石场位于南特尔河谷（Nantlle Valley）的荒野中，从 1820 年代一直使用到 1970 年代，因为被水淹没而废弃。现在它已经很像是一座天然湖泊了，一端是陡峭的灰色悬崖,周围是茂密的绿色树木,森林向四周延伸,进入连绵的山丘。然而在这个寒冷、阴暗的冬日,它有一种怪异可怖的感觉,尤其是当我听说这里的深水在两周前夺走了水肺潜水员的性命之后,这种感觉就更加强烈了。事实上,几十年以来曾有数十人在这里丧命。这片水域非常阴暗和寒冷,无人监管的潜水在这里是一件非常不妥当的事情。不过要是在有资质的潜水教练的陪伴下作为训练水域,那它就是完美的。

我们穿上干式潜水服,佩戴装满压缩空气——氧气和氮气——的气瓶。教练给了我们一个写在小白板上的计时数学测验,我们把小白板拴在自己的浮力控制装置上,以便在水底的时候重复测验过程。为寒冷的水温做好准备之后,我们下潜到 30 米的水深。没过多长时间我们就明白了"氮醉"是什么意思。那是一种昏昏欲睡的微醺似的感觉,这种感觉是由于在高压下吸入某些特定气体产生的,它和寒冷的水温一起影响大脑,减慢思考速度,就像被麻醉了一样。我们又做了一遍数学测验,并意识到我们这一次的计算速度慢得多。我向自己的四周和上方打量:在水面下很深的地方,所有东西看上去都很怪异又令人赞叹,我含着呼吸调节器咕哝了一声,

"我的天呀！"他们说水肺潜水会让你拥有和身处太空最接近的体验。我就像宇航员一样漂浮在那里。

进阶课程：完成。

与此同时，我们还忙着办签证和注射疫苗，预订航班，管理我们的财务，拨打专业电话和发送专业邮件——亲力亲为地做所有这些事对我们来说也是从小处着手，提升自己的一种方式。然后突然之间，一切都发生了。在这个想法第一次出现在我的脑海两年多之后，在经历了 18 个月的计划和攒钱之后，马特和我购买了我们的所有装备并且安排了所有事情，万事俱备。我们举办了一场告别派对，在一个炎热的夏日为一大批朋友和家人准备了食物和饮品。我会想念我的家人，不过我们会保持联系的。时候到了，马特和我终于要步入这个广阔的世界。

2

在亚洲和澳大利亚狂飙肾上腺素

几百个红灯笼照亮了这条小巷，巷子两边的食品摊上贴满了各种广告牌，用我们根本无法理解的字母组合推销它们的商品，系着围裙的小贩向中外观光客大声叫卖："你好！你好！来点儿?"我们在这条水泄不通的小巷里走着，必须推开拥挤的人群才能瞥见各种颜色的肉串。我们想看看那些恶名远扬的街头小吃比如蝎子串儿，这样的东西我们可是头一次看见。

王府井地区的东华门夜市是一个著名的古怪食物天堂。

"太疯狂了。"和我们住在同一家青旅的澳大利亚人是这么形容的。那么我们当然非去不可。

当我们真的置身于中国北京这座巨大而繁忙的城市之中时，一种超现实的感觉油然而生：这是我们的第一站，是当时我曾经去过离家最远的地方。你可以想象，我们这两个留着平头的北威尔士小伙子是如何在脸上挂着傻笑的表情，一副陶醉其中的样子：马特比我高一英寸，有棕色的头发和眼睛，我有浅咖啡色的头发和蓝色的眼睛，我们已经准备好去冒险了。我们一离开机场，立刻就感觉来到了另一个星球，一大群人叫喊着提供进城的乘车服务——有个伙计甚至拍了拍自己的自行车座，意思是让我们挤一挤——我真喜欢这幅景象。这是一个我等待已久的梦想，而且仅仅只是在 19 岁的年纪到达这里，我就感觉自己已经完成了一件了不得的事情。

我们坐了地铁，刚走到车站外面，一股潮湿的热浪就扑面而来，没过几分钟，我们的额头上就淌满了汗珠。这座城市弥漫着各种各样的气味，街头小吃、城市污水、鲜花、在几乎每种商店门前打扑克的人们抽着的香烟、垃圾、废气，还有一种不知道什么时候就会飘过来的难以名状的味道，似乎是北京空气中一种固有的成分。自行车从小巷里呼啸而出，冲进繁忙的街道，敏捷地躲开汽车并从车旁径直穿过。汽车喇叭响个不停，倒不是因为司机犯了路怒症，而更像是一种习惯。

和登长城一样，东华门夜市之旅被认为是在北京作为游客必做的一件事。光是奇怪的昆虫和动物在油炸时发出的气味就足够疯狂了。但我去那里可不只是为了看看：我想知道蛇、蝎子和狼蛛吃起来究竟味道如何，因为这符合我的气质，我非常喜欢尝试新鲜事物，探索和扩展自己的边界。我那时很年轻，有一颗好奇的心。所以我就要面临终极挑战了。我们在一个小摊前面停下，面前全都是黑糊糊的有很多细长爪子的东西。我和小贩砍了一会价，然后他递给我一只狼蛛。它的口感有点像金枪鱼。尝试过狼蛛之后，我又试了试蝎子，这东西吃起来像是很小的烧糊了的鸡块。我还吃了蛇、蟋蟀、蛆……几个美国人停下来看我，有人露出不安的神情，还有人在笑，然后一些中国人也停下脚步做出同样的反应，这倒让我有些惊讶。如今我大概不会这么做了，因为这种行为似乎有点不恰当而且残忍，况且这个市场已经被关闭了。不过我当时感觉很棒，毕竟只要花上几英镑就能得到这么疯狂的体验，而这点钱在英国只能买一杯啤酒。

沿着中国长城徒步一段,对此我已经盼望好几年了。光是长城的规模就足以吸引我——为了抵抗蒙古人的入侵,在明朝时有成千上万的人参于它的修建;它的建造历史长达 2000 年;它的分布极为广阔。每当我想起中国,长城就会浮现在我的脑海,而我很想知道自己能否在将来的某一天徒步走完全程,这件事已经有极少数的人做到了。但此时我们只是徒步几英里而已,然后我想去涉足那些无人问津的区段,那样的话我们就必须从城墙上下来,绕开生长在它上面的灌木丛。每当我们走得太远,导游就会把我们叫回来。

　　我们走的是旅游路线,但是能够遇见许多不同的人,这也是很棒的。我常常发现穷游是一种很好的旅行方式,可以将探险与别的事物结合起来,而且既然我们想尽可能延长旅费的支撑时间,我们决定乘坐最便宜的交通工具从北京到上海,也就是火车。我们买的是最便宜的车票,但买票的时候没有注意到我们买的是无座票。这辆火车相当破旧,我们只能坐在车厢后面的地板上,一边是漏尿的厕所,另一边是臭气熏天的垃圾桶,小孩儿把它当做厕所,晕车的乘客朝里面呕吐。我们需要在这里坐大约 30 个小时。

厕所马桶的抽水有问题，总是在散发臭气。我们根本睡不着，我跟马特开玩笑说我们应该从火车上跳下去，买辆自行车骑着走。但我们并不孤单；还有很多当地人和我们忍受着同样的折磨，就像关在同一个牢房的狱友接受同样的惩罚一样……我们只能勇敢地撑过去，而身边的这些人真的很友好，从开绽的破旅行包里掏出面包和热狗给我们吃。我们无法理解对方的语言，但我们用微笑和手势交流，让旅程笑声不断。在旅程的终点，我们全都一一握手并挥手道别。

在上海的青年旅舍，我们遇到了一个名叫克里斯的中国朋友，我们结伴在这座城市四处游览，度过了一个疯狂的夜晚，然后南下前往香港。香港之行对我们来说昂贵得多，但我们去了一个巨大的购物中心，那里的探险装备商店在外面的电视屏幕上播放着冲浪、滑水和其他极限运动的短片。"我想玩那个，"我对马特说，于是我们前往澳门，去玩全世界最高的蹦极。

这场冒险并不便宜，但我此前从未玩过蹦极，而蹦极对于追求肾上腺素的疯子来说是必须参加的活动。极致这个概念——例如最大的和最好的——总是会激发我的好胜心，如果从一栋 233 米高的大楼上跳下来，你就是在挑战自己，战胜自己的恐惧。我们乘坐电梯来到第61层。马特和我抛了一枚硬币；他输了，所以必须先来——我看着他绑上蹦极用的带子，他朝我做起了鬼脸，掩盖自己越来越不安的心情，然而我却开始想排在第二是不是正确的选择。三、二、一……他没有犹豫，直接跳了下去，我听到他在向下落的大部分过程中都在尖叫。

　　该我了。工作人员给我绑上索具，把我的腿套进橡皮绳里。我抓着扶手，走到从大楼顶部伸出来的平台上。下面的汽车和卡车看上去小极了，一股冷风绕着我吹。绳索摇摇晃晃地悬挂在大楼旁边，它很重，几乎要把我拽下来。马特没有犹豫，所以我也不能输。三、二、一——蹦！我从大楼上纵身一跃，冲了下去。感觉抵达底部花了8秒或10秒，然后就又被拉了上去。我喜欢每一秒的感觉——如此美妙。

　　在澳门，我们可怜兮兮地尝试了赌博，因为它是全世界最大的赌城，号称中国的拉斯维加斯。我们从来都没有赌博过，而且只兑换了一个筹码，价值大约5英镑，对我们来说是不少钱了，但所有牌桌都不让我们玩。这太滑稽了：这个地方有音乐、舞者和明亮的灯光，只欢迎大手笔的玩家。我们的5英镑甚至都不能退款，最后我们每人买了一瓶啤酒，因为买一瓶啤酒可以附赠一小碗花生，我们对此颇为满意。我们举起啤酒向中国致敬：我们在这里的两周（主要在东部沿海）过得棒极了，而对于这个庞大的国家，我们只不过是接触到了皮毛而已。我知道我会再回来的。

第二天，我们乘坐飞机来到了东南方向的泰国。和大多数旅行者一样，我们在泰国的第一站是曼谷的考山路（Khao San Road），这个疯狂又神奇的地方充满了大排档、露天啤酒花园、按摩店和纹身店、夜店、算命师、灵性导师、能说会道的骗子等等。街边飘荡着刺耳的音乐，人们大声叫喊着，试图卖给我们奇怪的东西。这幅景象看上去十分熟悉，因为我看过《海滩》（The Beach），那是一部我很喜欢的电影，莱昂纳多·迪卡普里奥饰演的主角渴望获得独特的体验，游遍了整个泰国。我来到这里也是出于同样的理由。找到一个没有老鼠和蟑螂到处乱窜的住处之后，远处传来了打击乐的声音，我们沿着音乐的方向走了过去。当我们靠近时，我感受到了体内的振动。我们来到了音乐声的源头，发现这里正在举行盛大的节日，但我听到稍远的地方还有一些声调更高的音乐声，这让我很是好奇。

我朝那个方向继续走去，结果发现了一个泰拳场，两个拳手正在拳场上搏斗，传统音乐在一旁发出尖厉刺耳的声音。我听说过泰拳，但从未见过。在那一天，它是我亲眼目睹过的最残忍的搏斗，我敬畏这种拳术，同样也敬畏这些拳击手恐怖的力量，尽管他们的个头看上去并不比我大。我想有一天我也可以成为一名泰拳手。

　　我们在那天晚上体验了曼谷的夜生活，通宵未眠，一直疯到早上，然后不得不计划接下来做什么。我们走进一家旅行社，询问那里的一名泰国工作人员哪里有最好最便宜的潜水地点。他很能帮得上忙，他推荐了涛岛（Koh Tao，字面意思是"龟岛"），说那里的潜水既美丽又廉价——一座真正的天堂之岛，我们可以和岛上最好的潜水学校 Bans Diving 一起潜水。我们感觉很不错，于是预订了第二天离开曼谷的行程。不幸的是我们在那天夜晚再次沉迷于曼谷的夜生活，错过了大巴，不过我们还是在晚些时候的当天晚上出发了，先乘坐大巴到春蓬码头（Chumphon），然后再坐船，整个旅程花了大约 12小时。

　　涛岛的确是一座美轮美奂的岛屿，坐落在它附近更大的两座岛屿苏梅岛（Koh Samui）和帕安岛

(Koh Pha-Ngan)的北边。它是一座典型的泰国岛屿,茂密的森林覆盖着丘陵连绵的内陆地带,白色的沙滩伸向清澈的淡蓝色海水,有许多廉价住宿和供游客休闲的酷酒吧。

在北威尔士潜水的时候,我们会穿着长裤、针织套衫、绒毛外衣,然后在衣服外面穿上一件干式潜水服;在这里我们只穿短裤或者一件短袖湿式潜水衣。我非常享受,第一次没花多长时间就到了水下。海水温暖,一道道阳光穿过清澈的海水,将海底的东西照得闪闪发亮。清澈的海水意味着高能见度——我们能看到20米之外的情况。我们在阳光照耀下的船上放松了一会儿,喝了杯果汁,然后跳下来进行第二次潜水,上来之后又吃了些水果,然后享用了很不错的一餐和饮品,一边用餐一边和另外五个潜友谈论这一天。我喜欢这种氛围。涛岛被珊瑚礁环绕,有很多状况各异的潜点,你能够看到鲨鱼、小丑鱼、梭鱼、黄貂鱼,以及许许多多别的鱼类。这里是记录潜水的绝佳地点。

有一天,天气炎热、晴朗,头顶是深蓝色的天空,我们有些人潜到了水深18米的地方。从水底升到水面时,应该将浮力控制装置(buoyancy control device,简称BCD)中的空气排出来,同时将一只手放在自己头顶并抬头向上看。我已经好几个月没有潜过水了,但做这些步骤,慢慢唤起了我对应该怎么操作的记忆。在我上升时,我将目光投向离我不远的另一些潜水者,而不是我自己的头顶。在最后一刻,我才抬起头,看到了自己上方的东西——一开始我不能确定那是什么,但是它看上去很不对劲儿。然后我反应过来了:它是一只巨大的水母,直径大约一英尺,它的触手长达一米,朝着我垂下来——我马上就要撞到它了。

我不停地踢腿才刚好把它避开,否则这次潜水就要以悲剧结尾了。实在是太险了。其他人离我太远,看不到这只水母,不过我敲了敲自己的气瓶,把他们吸引过来。我们全都绕着圈,惊叹于这只仿佛来自外星的巨大生物。我常常说我喜欢通过经验学习,同一个错误尽量不犯两次。发生这件事之后,每一次潜水时我都会举手在头顶,观察我上升的方向——我吸取了教训。

因为渴望继续我们的旅行,所以在记录了几次潜水之后,我们返回了曼谷。我们和来自世界各地的旅行者成了新朋友,这感觉很棒,有那么一阵子我们会漫无目的地跟着其他游客的足迹,甚至去了芭堤雅(Pattaya)的一座动物园。

然后我突然得了一种神秘的怪病,症状是呕吐、腹泻,而且还有红色斑点出现在我手部皮肤的下面。病情变得越来越严重,我都不能吃东西了,但却继续在呕吐。我从未有过这种感觉,于是我决定去看医生,然后医生认为我得了登革热。他让我直接去曼谷的医院,而我在那里发现我并没有得登革热——我得的是丝虫病,又称象皮病。这是一种由蚊子充当媒介的传染病,会导致虫子寄生在淋巴系统,这些虫子会逐渐变大,阻碍淋巴液的流动,让身体的特定部位急剧肿大,尤其是双腿和外生殖器。

　　我的感染还处于早期阶段,只需要在屁股上打一针,再吃一些药片,然后这些虫子就会在我上厕所时排出体外。所以此时上厕所是我最盼望的事情……当我走出医院时,扭过看到一个四肢肿胀的老人,很显然他的病和我在医院里治疗的病是一样的——但是因为没有钱,他让这种病发展到了无法治疗的阶段。真希望我能帮得上忙。

　　幸好我很快就恢复正常了,但此时我对那些恶劣的小蚊子十分警惕。穿越泰国边境来到柬埔寨的暹粒并继续前往吴哥窟之后,此时我们来到了坐落在湄公河两岸的金边,有点懊恼。

　　我们的情绪很糟。只能怪我们自己,我们在旅游路线上走得太远了，而且还到处花钱。作为新手旅行者，我们在计算汇率时犯了一些错，花掉的钱比我们预期的多得多。我们还意识到，无论我们享受了多少乐趣（当我们没有在处理我体内的虫子时），我们都和所有人在同一条路线上，无论是在长城上和游客一起步行，还是去动物园坐在老虎身边，而且我们参加的派对有点儿多了。我们的经历、故事和照片和所有人都是一样的。这段旅程本应该是更疯狂和冒险的。

感染象皮病或许是一种提醒，提醒我应该去做不一样的事情。之前我们一直在谈论疯狂的探险。我们需要找到一种廉价的探险方式，它和别人做的事完全不同，而且能够挑战我们。

一个想法突然从我脑中蹦了出来。我们在计划阶段提到过它，但是后来把它忘记了：骑自行车穿越一个国家。我再次向马特提出这个想法——突然之间，我们感觉自己充满了能量，好像这就是我们一直缺少的，那种结合了胆量和兴奋之情的探险精神。我们都迅速摆脱了坏情绪。我们要骑车去越南。

"但是骑什么自行车呢?"马特说。

就在他说这句话的时候，我们听到身后传来一阵嘎吱嘎吱、不断重复的声音。我们扭过头去，看到一位瘦弱的老太太正朝我们骑过来,骑的是一辆锈迹斑斑的廉价普通自行车。

"棒极了,"我说,"我们弄两辆这个就行。"

想到对方骑着这种自行车的模样,我们哈哈大笑起来,幽默感让我们重新有了好心情,我们再次感受到了动力。剩下的任务就是找到两辆自行车。

我们在城里到处转悠,寻找售价最便宜、配置最基本的自行车:每辆 10 英镑。它们是新车,但十分可笑,没有档位或悬挂系统。车身前面的铃铛和车篮让我们发笑,这些东西让它们感觉颇为精致;它们是越南老太太每天骑着去工作的典型用车,反正肯定不是为了穿越整个越南设计的。我们笑得停不下来。我感觉应该给它们起个名字;毕竟它们会陪伴我们很长一段时间。于是我的车叫做埃尔德,而马特给他的车起名叫多特。

我们在繁忙的首都金边骑着车寻找帐篷,最后花 5 英镑买到了一顶。虽然它不防水,而且或许是一个人能够买到的最糟糕的帐篷了,但是它的性价比很不错,而且我们只能承受这么低的价格。我们还买了一条面包和一些花生酱。我们在路边找到了一些绳子,用这些绳子将我们的帆布背包绑在行李架上。然后我们花了不到两分钟在谷歌上搜索了一下我们沿途会经过的一些村庄和城镇的名字，然后把它们写在一张清单上，这样我们就能指给当地人看，但愿他们会给我们指出正确的方向。齐活儿——我们准备好了。

我们试骑了我们的自行车，骑了大约70公里然后回到一家孤儿院，在那里帮了两三天的忙，我们做了许多不同寻常的活儿，比如修理东西或粉刷墙壁，或者和孩子们一起踢足球。当我们骑回来的时候，我们估摸着这两辆自行车可能会在这场漫长的骑行途中坏掉，但对于一个开始来说，它们已经足够好了。

听说我们计划骑自行车前往位于越南南部的胡志明市，然后再骑车前往位于越南北部的首都河内时，金边的当地人都说我们不可能做到这件事。他们说我们不可能在那个时候从柬埔寨穿越边境进入越南，也不可能骑那么长的距离。这太荒谬了，他们说。但我们已经决定了。我们说这是一场探险；我们要去完成它。他们嘲笑了我们的自行车。我们很喜欢他们的反应，决定无论如何都要出发。我们知道我们有可能在边境被赶回来，但到时候我们会想办法的。就让我们专注于当下，开始这段旅程吧。于是我们就出发了。

没有地图，没有打气筒，没有补胎工具包，没有头盔、尾灯或反射镜,我们就这样在趁着天还凉快的深夜出发了。随着我们骑出城市,当地人看到我们时露出了吃惊的神情,而我们和遇到的每个人都相处得很好。骑自行车对他们来说是一种很普遍的交通方式,而我们的骑行方式和当地人完全一样——没有花哨的装备,没有骑行紧身衣,也没有装备 GPS 的自行车——而这纯粹是因为我们负担不起任何其他骑行方式。我们尽最大可能利用了宽阔的开放式机动车道,在骑得气喘吁吁的时候抓住速度缓慢的卡车,让它带着我们走,尽情享受这种被拽着走的兴奋感。从我们身边经过的警官并没有训斥我们,而只是嘲笑我们滑稽的举动。

我们做到了,在产生这个想法仅仅两天之后,我们就出发了。这才是探险的意义所在,我对自己说。我们前面还有 1130 英里的路;我们不知道自己将会面对什么,也不知道情况会有多艰难,然而我们仍然十分兴奋。我感觉自己如此充满活力。我正和我最好的朋友一起探索这个我完全不熟悉的国家,而且一点儿也不循规蹈矩。我们在路上见到的游客只有那些半夜从我们身旁经过的过夜大巴车上的游客,他们要么在车上睡觉,要么在看影片。这可不是在一个国家旅行的正确方式,我这样想着;看看他们都错过了什么！当我们在柬埔寨沿着一条土路骑行时,当地的孩子们从路两边的小屋里跑出来,在后面追赶我们并大声喊着"哈喽!"每个人都笑容满面,这感觉真的很特别。

至于边境,金边的那些人说对了么? 我们抵达边境时已经很晚了。边防站已经关闭了。边防人员为我们重新开放了边防站,他们真是太大度了,感谢他们。于是我们就踏上了越南之旅。

我们精力十足,有时候在骑了漫长的一天之后,我们还会继续骑一整晚——这种自由的感觉真是令人感到幸福。最后我们用喷漆粉刷了自行车,甚至还粉刷了粉色的车铃,试图让它们更有男子气概一些,但是却遭遇了悲惨的失败——它们看上去更加可笑了,而且无论多少喷漆也无法掩盖前面那个小小的车篮。

我们和当地人吃同样的食物,基本上靠面条和碳酸饮料维生,饮料主要是让我们可以在夜间骑行时保持清醒的红牛。我们偶尔会犒劳一下自己,在我们的面条里加一个蛋或一根香肠,但是如果它们看上去稍微有点贵,哪怕只有大约 10 便士,我们都会选择不加。我们的预算非常紧张。有一天我们奖励了自己一个冰淇淋,拿着冰淇淋边骑边吃;当我的冰淇淋从蛋筒上掉到炎热的地面并开始融化的时候,我简直是难以置信地沮丧,我不得不往回骑1公里,再买一个。

虽然我们带着那个价值5英镑的帐篷,但我们基本上没用过它。我们在两三个晚上遇到了吊床店,每晚收费20便士。在其他晚上,我们会找到超级便宜的酒店,这些酒店是为卡车司机准备的,一直开到深夜。

我们全程当然只有短裤和背心可以穿,即使当我们到了越南高原地区的大叻(Da Lat)也是一样,那里相当冷,除了我们之外的每个人都穿着羊毛帽子和外套,一边看着我们一边用胳膊抱住自己的身体,好像是在说:"这里可冷了!"然后我们骑着车来到了海边的芽庄,天已经黑了(天在这里黑得相当早,大约五六点钟的样子),又赶上雷雨降临,大雨瓢泼而下,不过气温还是相当暖和。浑身湿透的我们站在自行车的踏板上,向黑暗中兴奋地叫喊"喔——哦!耶——哈!"

我在骑行途中对马特说:"当我这辈子即将结束的时候,如果有那么一张世界地图,上面不只标记了我去过的国家,还有我完成的远征和探险,那就太棒了。"我曾经设想自己走遍世界各地,迎接各种不使用机动车的艰难生存挑战,穿越丛林和沙漠,骑自行车穿越国家,乘皮划艇漂流大河。

这只是一次短暂的聊天,但它让我铭记于心。从好几个方面来看,越南都是后来许多次探险的催化剂,因为它让我有真正地活着的感觉。当你锻炼和训练时,身体会释放让你产生积极感觉的内啡肽。我们曾经在雨中,四周一片黑暗,我们浑身湿透,脚上套着垃圾袋……但是因为我在骑车,在锻炼,我感觉自己是鲜活的,并且开始思考我可以在将来做的事情。

骑行的确很棒,但是只要你的前方有路,它就会带你穿过村庄和城市,而在这些地方几乎总是能得到食物、水和帮助。在越南,身边总是有人可以帮助你,而且他们都很聪明而且勤奋——我注意到几乎每座小屋的旁边都有一个棚屋,那是这家主人保存工具的地方。每当我们在夜深人静时把车胎弄破的时候,我们就会下车推着走,直到我们来到一座全家人都醒着的小屋。

有一次,我们遇到了一座小屋,住在这里的一家人在凌晨 2 点还没睡。当那个越南伙计看到我的自行车胎时,大部分工具已经在他的口袋里了,他很轻松地修好了它,然后向我们挥手道别。我一直对人类有着很大的信心。当然,事情并不总会如此顺利,但是如果你充满敬意而且礼貌的话,那么你就会收获你付出的东西。

当我们在小村子里停下来吃午饭时,消息传得很快。当我们还没意识到的时候,整个村子的人已经围绕在我们身边了。当地人会在我们吃饭的时候靠近我们,嘲笑我们被阳光漂白的腿毛和手臂上的毛。我意识到他们从未见过任何长着腿毛的人,所以他们才这么着迷。当我们想要开始吃饭的时候,他们会趁机拔我们的腿毛——那可真疼啊!

路上的危险状况时有发生。我们被电动自行车撞过,被狗撵过。苍蝇把我们逼疯了,总是围绕在身上带眼儿的地方嗡嗡直叫,而且我们还要迎着强烈的逆风往前骑。白天的时候常常很热,有时候气温超过 40℃,但到了晚上,雷雨又会来和我们同行。但我们在这些艰难险阻之下持续前行,这两辆自行车一共坏了 17 次之多。凌晨 3 点,巨大的卡车在我们身后鸣笛,每次都把我们吓得车把都抓不牢,自行车左歪右扭地四处晃动。刚刚还昏昏欲睡的我们转瞬之间就恐慌不已。

有一天晚上,我真的在骑车时睡着了。马特也睡着了,直到我们俩的自行车撞在一起,我才没有偏离到马路中间去,数秒之后就有一辆高速行驶的卡车鸣着喇叭从我们身边开了过去——又一个惊险时刻。

我们花了大约 15 天从柬埔寨骑到越南北部。当我们终于接近终点时,我们开始怀念能够轻松地吃到不同食物的生活,所以前往河内的最后冲刺见证了我们连续骑行 39 个小时的壮举——对于抵达那里,我们俩都十分兴奋。保持清醒非常艰难,因此这段路程颇为危险。然后我们终于看到了坐落在远处的这座城市,大概在 12 公里之外,这段路程通常只需要一或两个小时;但那天的天气热得很,让人感觉似乎永远也骑不完似的。我们必须在每一座桥下面的荫凉处歇一歇才能继续上路,我们的前臂好像融化了一样,皮肤都被严重晒伤了。

当我们终于在三个小时后抵达河内时,我们被七家青年旅舍和客栈拒绝入住。幸运的是,就在我们丧失了找到舒适床铺的所有希望时,一位好心的女士大发善心,允许我们住在她的客栈。

直到我们看到镜子里的自己,才意识到我们为什么会被拒绝:苍蝇困在我们的头发里,有些还活着;我们的眼睛因为尘土而充血通红,晚上涂抹的防蚊液和白天涂抹的防晒霜混合在一起,让我们的皮肤发蓝;超过45小时没有睡觉让我们的眼袋挂得老长——我们看上去一副半死不活的样子。好好洗了个澡并饱餐一顿之后,我们一下子就倒在床上睡着了。

接下来的几天,我们一直在谈论我们的自行车之旅,简直停不下来。如此之低的预算让这趟旅程显得更加了不起。我用一个非常便宜的劣质摄像头记录了全程,当我们浏览这些录像的时候,简直不敢相信我们骑在这两辆自行车上穿越了柬埔寨和越南,证明了告诉我们这不可能的人是错的。我们将自行车靠在了河内的一处栏杆上,希望有人能给它们找个好归宿。当我们继续上路前往老挝时(这次是乘坐大巴出发的),我仍在继续思考这件事。它是我曾经做过的最棒的事情。我意识到我已经找到了我的热情,最合适我的职业;我被自己克服的那么多艰难险阻震惊了,现在我急切地想继续挖掘自己的潜力。我停不下来。

于是我就没有停下来。

这次相当危险的探险是催化剂,它让我彻底入迷。

很长一段时间以来,我都痴迷于体验不同的文化——我说的是那些迥异于西方世界的不同生活方式。部分受到了我听说的故事或者我看到的纪录片的影响,我想从仍然过着捕猎和采集生活的部落中学习,他们是一个密切合作的团队,彼此分享知识以便在严酷偏僻的环境下生存;我可以加入他们并参与其中,以这种方式学习。所以当这样的机会出现时,我们马上就同意了,并在第二天启程前往泰国北部,在那里进入丛林,学习一些生存技能。

第一天,我们在丛林中跋涉,走了很长一段路,在沿途的土地上捕猎和采集,在河流和瀑布中洗涤和饮水。这里非常潮湿,昆虫发出分贝很高且尖锐的噪音,一直环绕在我们身旁。本地泰国向导提醒我们小心可能潜伏在暗处的毒蛇。我们在晚上建造了自己的庇护所,用一把大砍刀砍下竹子制作底部,然后用竹子的分枝将它们绑在一起,得到一面屋顶。我们还采集了芭蕉叶(不能从一棵植株上采集太多叶片,而是每棵植株采一片),然后将它们倾斜地绑在屋顶上,这样下雨的时候就淋不到我们了。

我们还把芭蕉树叶用作睡垫,并在旁边生了一堆火,它既可以取暖烹饪,也能制造烟雾,驱赶苍蝇和蚊子。我们用削去侧枝的竹子当鱼竿,在它末端装上一个小钩子,去附近的河里钓鱼;没有什么事情是竹子做不了的,我们的向导说,他如此喜欢竹子,以至于给自己的儿子取名叫班布(Bamboo,"竹子"的英文)。我们还采了蘑菇和芭蕉花(后者和芭蕉杆都是可以食用的),然后将它们全都丢进我们钓上来的鱼里,做了一顿营养丰富的汤羹。

我们睡得很踏实,第二天早上我醒来的时候,看到一队红蚂蚁正顺着我的芭蕉叶睡垫的叶脊行军,离我的脸只有 6 英寸。我抬起头看了看,发现身上没有蚂蚁,然后就继续睡觉了。它们没有咬我,我也不干扰它们,享受这种与自然合一的感觉。

我们在那天走了足足 9 个小时,用大砍刀在丛林中开出一条路的同时,我们还采摘了用来补充能量的甜瓜和玉米。我们的向导对我们说,我们是"丛林里的硬汉子"。我们看到了他渊博的知识,以及他对身边环境的超常适应力。虽然只学习了他的一小部分技能,但我已经感到非常荣幸了。

我们最终穿越边境来到了缅甸,见到了一个与世隔绝的缅甸山地部落,他们生活在连绵山丘的顶端,四周被丛林环绕着。这个部落没有人会说英语;有人小心翼翼地保持距离,也有人冲我们微笑和招手。我们在这里采集了一些浆果,把它们捏爆之后涂抹在皮肤上可以驱赶蚊虫,还学会了如何制作捕捉松鼠的陷阱,而且真的捉到了一只并把它带回了营地,宰杀剥皮之后一股脑放进了我们的甜瓜汤里。它的味道棒极了,吃起来像是蛙肉或鸡肉,但更有嚼劲,正是我们辛苦一天之后所需要的。

很快,马特和我就面对彼此笑了起来,因为我们发现厕所是一个小黑屋,你需要排泄到摆放在那里的一个小桶里面,旁边还放着另一个装满脏水的桶,是用来洗你的屁股的。这太可怕了——我必须上厕所,实在是憋不住了,而马特就在外面笑话我。我耸了耸肩膀,心想,好吧——我最好习惯这个厕所。

我发现了自己的另一面,

我意识到自己的内心渴望着更多这样的体验。我已经开始更多地挖掘自己"狂野的一面"。老鼠、蟑螂、蜘蛛以及其他瘆人的爬虫不会让我过于烦心,就像我也不特别想念美味佳肴或物质享受和奢侈品。我感觉过去这两三个月的经历让我更加强悍了一些,我面对所有困难,勇敢地迎接了挑战。虽然现在还为时尚早,但我能感到自己在不断变化的环境中感觉更自在了。

当我们离开亚洲前往澳大利亚时,我们就知道我们必须开始工作挣钱,筹集旅费了。在北领地(Northern Territory)的达尔文(Darwin),我们的第一份工是标准的季节性工作,采摘水果。摘水果的工作很容易找。为什么？因为没有人会长久地做下去。

在酷热的天气下，这份工作对体力的要求很高，而且老板们都很苛刻；如果你弄掉了一个芒果，老板就会吼你。为了激励我们一天做 18 个小时的工作，他们会说工作结束后请所有工人吃烧烤野餐，于是我们在工作的时候都想着一顿体面的大餐。最后我们每个人只得到一只热狗。太令人沮丧了！我们很快就厌倦了这份工作。

马特坐飞机去了南方的墨尔本，他在那里有一份工作邀请，而我想朝东去。在摘水果的时候，我认识了两个很棒的朋友，来自澳大利亚的丹·加德纳和来自德国的曼纽尔·胡贝尔，我们三个决定发起一场探险，开车从达尔文出发，行驶在全世界条件最恶劣的公路上，历经大约 1900 英里，抵达凯恩斯。丹向我们描述了北领地的极端自然条件，为了预防最坏的状况并为我们的车子抛锚在荒无人烟之地时做好准备，我们在车上装了额外的汽油、水和食物——以及丹正在照料的一只几个月大的小狗。

我们行驶在一条全年只开放六个月的土路上，因为冬天和雨季马上就要来了，所以大部分汽车都选择了冬季路线,后者需要绕远,但是安全得多。我们驾驶的是一辆锈透了的破车,不是很适合它轮胎下的路况——极为泥泞,穿越河流,眼前的道路变得越来越糟。我们总是会选那些在地图上看不到的路,希望它会为我们提供一条更冒险的路线,而它没有辜负我们的期望。我们的车曾经陷进泥里好几次;有时候我们必须等待两三个小时,才会有一辆四驱越野车恰好路过,把我们给拉出来。我们表现得很好,而且走得相当远,但最终我们还是在偏远地区的腹地彻底抛锚了。

我们三个人带着震惊的神情面面相觑,然后开始笑起来。我们现在必须要谨慎思考了。之前坐在四驱越野车中的一个人警告我们说,他已经在一周左右的时间里没见到过这条路上有另一辆车出现了。我们把车推进路旁的灌木丛里,把我们的物品和我们携带的多余的水放在一起,然后在满满一箱汽油旁边放置了一张板子,上面写着:"用我吧,我们在这里抛锚了,然后下车步行。请把我们接走。"

兴奋于接下来可能发生的事情,我们将车抛在身后,开始向前方步行找水。当天气太热的时候,丹和曼纽尔会停留在路边的阴凉处,而我则继续向前走一点。天黑得非常快,正当我准备转身回去的时候,我看见了一家子袋鼠。它们突然一动不动,直直地看着我,而我也做了同样的事情:我们彼此对视了一会儿,这感觉真不可思议。然后他们朝着另一个方向轻快地跳走了。

正当我回头去找丹和曼纽尔的时候,一场毫无征兆的巨大雷雨从天而降,带来了我们正在寻找的东西——水!我们将一个遮蔽结构倾斜着固定住,雨大得在这里立刻就能收集到四碗水。然后我把自己那顶来自柬埔寨的不防水双人传奇帐篷拿了出来,我们三个全都挤了进去,虽然全身湿透,但还算暖和,最后我们都睡着了。

13个小时过后,第一辆汽车出现了。当驾驶员看到我们全都站在路中央挥手示意他停车时,他十分谨慎,但还是慢慢地减速并将车窗向下降了大概一英寸,最多也就是两英寸的样子。他的卡车后面有一只块头很大的比特犬。当我们告诉他发生了什么之后,他说:"啊呀,快上来。"

"我不会把你们留在这儿的,"他说,"路对面有一个土著部落,他们不是很喜欢白人。他们没发现你们算你们走运。"

我们意识到,无论我们认为自己准备得多充分,这可能最终仍然是一场愚蠢的、不负责任的冒险。

但是在接下来的 6 天里,我们继续着搭便车结合露营的旅程。丹说我们应该分开,因为人们不太愿意让三个男性一起搭车。于是丹带着他的小狗单飞了,而曼纽尔继续和我在一起。让我们搭车的人形形色色,有的人很友好,有的人稍微有点疯、喝醉了酒而且有些瘆人,还有的人看上去像是连环杀手,但我们最终还是安全到达了凯恩斯。

我们在图格里克(Togrog)又做了一些摘水果的工作,为了省钱住在帐篷里。他们不太喜欢我们,因为我们没有为他们的住宿付钱;他们认为我们是吝啬鬼,然后我们吵了几次。去过亚洲之后,我发现澳大利亚的生活成本真的很高。马特说墨尔本有很多工作,于是我决定去那里找他。最后我得到了一份销售工作的面试机会,工作内容是挨家挨户地推销澳大利亚电力和天然气公司(Australian Power and Gas)的服务合同。一周之内一共有两百人参加面试,竞争 6 个岗位,我实在不知道我是怎么入选的,但我把握住了机会,得到了这份工作。

然后我就发现自己置身于一种非常奇怪的处境:在超过 30℃的气温下穿着黑色长裤、黑色鞋子和一件衬衫,挨家挨户地敲门推销,身旁站着一个超重且生活方式很不健康的老板,名叫杰里米,他在那儿的目的是监督我,确保我的工作方式是恰当的。在第一天早上,我们和其他一些人开车去我们当天需要拜访的区域。杰里米突然之间发起火来,训斥开车的人错过了转弯路口。原来我们错过了前往肯德基的岔道,不得不掉头开回去,在这个出售油腻食物的快餐店里吃早餐。这实在和我的缅甸山地部落体验相去甚远,而且大概无法更远了。

有一天,我们来到了一栋房子前,杰里米说:"瞧着点,看我的,看看我是怎么销售的。"

我们沿着一条长长的车道向里走,车道的尽头有个人正在墙上安装的单杠上做引体向上,他的肌肉像水的波纹一样上下起伏。杰里米开始了他的销售套路,那个人站在一旁,安静又有礼貌地听了一会儿,然后抬起自己的手,说,"嗯,我很感谢,但我已经签了一个合同了。不过还是谢谢你们。我感谢你们做的事情。很不容易,在这么热的天东奔西跑的,而且我知道你们挣的都是佣金,所以你们需要别人签合同。"

听到这里,杰里米对自己挣的佣金发表了一些傲慢而且非常无礼的言论,在提到自己开的高档轿车时,他伸出手指摩擦起来,做了那个全世界通用的代表金钱的动作。我站在他旁边,只是感到难堪。

那个人回应道,"不过钱并不是一切,对吧? 你还需要生活方式。你需要平衡。"

这番话击中了我。他说得太对了。我一直都在实践这句话。我在这里西装革履地站着干什么呢,而且旁边还有个像杰里米这样只为了钱而一心钻研所谓商道的家伙?

这件事激励了我,把我叫醒了。所以在一两天后,当杰里米宣布他想带我去布里斯班和他一起工作时,我意识到我不想去。我对马特说我要辞职了,当时他正在干清洁泳池的活儿。

"我要是干这个,还不如回去当救生员,"我说,"你不喜欢你的工作。我也不喜欢我的工作。我们的预算很低。要不我们继续吧?"

"继续什么?"

"让我们去买我们能找到的最便宜的自行车……"

冒险精神突然回来了,我们一下子就入了迷。我们达成了一致意见,辞掉工作。两周之后,满怀兴奋和激动的马特和我再次出发:从墨尔本前往阿德莱德,12 天行程大约 700 英里,既能让我们看到这个国家的更多风景,也可以让我们充分领略澳大利亚的荒野。

我必须再买一辆自行车——这次是一辆女式山

地车,因为它是最便宜的。几天前刚来到墨尔本的曼纽尔说我不敢买粉色的头盔,但我买了,逗得他哈哈大笑。它和粉白相间的山地车很配。添置了行李架和前车筐之后,它的总价大约是70英镑。我们这次探险仍然带着最少的补给,而且我在越南用过的帐篷成了我每晚入住的家,因为澳大利亚的住宿价格真的太贵了。帐篷里面常常是湿的,因为它不防水,尤其是某天晚上它被一只猫侵袭并留下大洞之后。

我们沿着大洋路骑行,这样就可以看到"十二使徒岩"(Twelve Apostles)——那是一片壮丽无比的风光,陡峭的悬崖和层层叠叠的石灰岩从海面伸出,构成了一条似乎无穷无尽的海岸线。向内陆继续挺进,我们见到了许多生活在自然环境中的野生动物:豪猪,蛇,袋鼠,小袋鼠,树袋熊,鸸鹋,澳洲野狗,鹦鹉……一天早上,我发现一只有毒的白背蜘蛛爬在我的手上,只得把它弹开。但是唯一让我们感到困扰的是苍蝇,它们实在令人心力交瘁;只要能摆脱这些烦人的东西,我们愿意做任何事。

旅途极为漫长,我们一度严重脱水,迫切地想找到水源,那是在44℃的高温下骑行了7个小时之后,我们一共只剩下 100 毫升的水可以喝,所以当我们遇到一个密封水箱时,我们舔了水箱表面的冷凝水滴。彻底精疲力竭,气喘吁吁,我们看着对方,简直不敢相信我们有多热多疲劳,这时一只苍蝇落在了马特的牙齿上,立刻让我们再次大笑起来。

和在越南的骑行一样,澳大利亚的骑行之旅也是说走就走的旅行,而且旅途艰辛的原因主要是不合适的自行车以及缺少装备,但这两段旅程都是我旅途中的巨大亮点。在澳大利亚,我们基本上每天都在逆风骑行。但我从中学到的是,如果你在身体上和精神上挑战自己,你就会开始知道你能将自己的身体和精神逼到什么样的极限。我们考虑过继续骑下去,一直骑到珀斯,穿越整个澳大利亚,但马特出现了热衰竭的症状,而且他的车也坏了,所以他最后一天不得不搭车前往阿德莱德,我们决定不能再向前了。

我们一生仅此一次的澳大利亚工作签证还有 9个月的有效期,但我们开始想念亚洲了——不光是想念便宜到难以置信的食物,还有关于它的一切。我喜欢那里的人,他们如此悠闲、有趣且充满体谅之心,总是有时间给你——我也会总是有时间给他们。澳大利亚有严格的规则,就像是炎热版本的英国：马特因为把头盔挂在车把上而遭到了罚款。我们想念在亚洲的疯狂，那里没有"健康安全"方面的条例。

所以我们决定去印度。

3

成为潜水长和泰拳手

　　斯利那加（Srinagar）位于克什米尔地区，靠近印度北部与巴基斯坦的边境，从新德里开车到这里需要 24 个小时，而我至今从未见过比那个伙计更疯狂的司机。他不眠不休地连续驾驶了 24 个小时。他显然已经十分疲惫了，但就是不愿意停下来。我们行驶在一条狭窄的公路上，一侧是峭壁，一侧是悬崖。路窄得甚至没法掉头。一队卡车在我们旁边高速行驶，而我们的司机似乎在驾驶座上睡着了，我们的车刚刚偏向了公路的另一侧，差点撞到卡车上。我的心提到了嗓子眼儿。

　　"你需要停车睡一会儿了。"我说，想着我们可以在路过的某个地方休息一下。

他摇了摇头。"只剩下 4 个小时了。"在连续行驶了 20 个小时之后,4 个小时看上去是相当长的一段时间。最终我说服他停车睡了几个小时,然后再继续上路,最后我们有惊无险地抵达了目的地,避免了一场车毁人亡的惨剧。

斯利那加是一座高山上的壮丽古城,凉爽又宁静,而我们住在湖畔的一个船屋里,老板名叫阿里。祷告的钟声在日落时分响起,我们四周环绕着喜马拉雅山脉白雪皑皑的群峰。在一个雾气朦胧的晚上,这副景象让我们渴望去山上徒步。但阿里说我们需要许可证。我耸了耸肩膀表示不以为然,说我们只是想走到最近的山上去,而且我们也负担不起许可证的费用,但他说巴基斯坦军队控制着那边的边境,如果我们未经允许就在那里徒步,他们会毫不犹豫地开枪。但我们对自己说才不会,这纯粹是瞎担心,我们会好好的。

"好吧,"他最后说道,"我说的都是真的。如果他们看见你们了,你们必须祈祷自己能保住命。你们必须跪在地上,把大拇指放在耳朵后面。"他教了我们一句话,意思是"可怜可怜我吧",到时候我们应该不停重复这句话。"而且不要看他们的眼睛,看地面。"

他的话真是令人担忧，但美丽的山峰离我们近得撩人，实在难以放弃爬山的念头。我们出发了，还带上了一个名叫泰丝的姑娘，她也住在阿里的船屋。当我们从城里穿过时，当地人都停下脚步看着我们，这让我们非常不安。他们知道我们要上山了么？

这只是在山谷中的一日徒步，我们在那里见到了巨大的冰川和在我们头顶盘旋的猛禽；我们相信在更深的山里生活着珍稀的雪豹。当我们向更高的地方攀爬时，泰丝回去了——可能是因为高原反应，也可能是阿里说的那些话让她紧张了起来。过了一会儿，我们开始听到直升机的声音。马特和我面面相觑。是巴基斯坦军队在寻找我们么？我穿的是一件鲜红色的衬衫，于是我慌慌张张地把它扯下来，躲进了一丛灌木。

当直升机的声音消失之后，我们选择继续向前并登上了一座山峰，这次登山徒步让我们想要更多。于是在回到斯利那加之后，我们决定深入喜马拉雅山脉。两天之后，我们再次乘坐小汽车在又高又窄的山路上向北颠簸了四五个小时，来到印度和巴基斯坦的边境附近，在那里我们和当地的一家人住在一起。当我向小屋的主人（他也是一名向导）解释说我们想去一座山峰徒步时，他说现在很危险，因为冬天马上就要结束了。从没有人在这个季节登顶过我们想要去的那座山。

在一个明亮的早晨，我们出发了，阳光反射在积雪上，照得山谷里一片金光，棕色、绿色和黄色在连绵群山上构成一片斑驳，映衬着深蓝色的天空。和前几天刚刚离开的城市新德里相比，这里新鲜凉爽，一片开阔，松树的气味迫不及待地涌入我们的鼻孔。周围是如此宁静，我们能听到当地人在山下自己的小屋里劳作的声音，还有河流在山谷里流动的声音。鸟儿在森林里叽叽喳喳地鸣叫，我们看到一只野山鸡从头顶飞过。向导把我们带到了海拔四五千米的地方，沿途全都是陡峭的爬坡路，在通向那座山峰的群山之中蜿蜒而上。当我们走到距离峰顶大约还有2小时路程的时候，他停下了。他说他不会再往前走了，并建议我们也返回。我们或许应该听他的话，但我们能看到峰顶而且知道它并不远。最后他留下来等我们，我们继续向上爬。

在厚厚的积雪中行走是一件很不方便而且令人疲惫的事情；就算之前有路，现在也被雪埋住了，而且我们在服装上准备得很不充分，只穿着保暖性能一般的抓绒衣，鞋子也相当破旧。但我们知道只需要两个小时左右就能登顶了,所以为了保持温暖,我们尽可能快地向上攀登,穿过了这个积雪看上去很不稳定的区域,它位于一个斜坡上,其陡峭程度足以引发一场雪崩。穿过这个区域后,我们继续朝峰顶前进,每走十步左右就要休息一下。积雪深达膝盖,有的地方还会更深一些,所以这个过程很慢,但我们终于抵达了峰顶,平视周围山峰的感觉真是太奇妙了。四周如此宁静,马特和我在山顶欣赏着三百六十度的壮丽全景,不由得击了一掌,大声叫起来,"呦吼!"如果困在暴风雪里找不到回去的路,那会是非常危险的。然而此时我们开始听到雷暴的巨大轰鸣。

"那不是打雷声,"我对马特说,"那是其他山上的雪崩。"

我们赶快往山下走。这是旅途中的众多惊险时刻之一,后来我们想,我们是幸运的,但是也许我们早就该听向导的话,不应该再继续向上走了。不过我们找到了正在等待我们的向导,于是我们饥寒交迫地下山了,但是心中充满了成就感。无论如何鲁莽,无论如何危险,这是我走过的最棒的徒步,而这种感觉将影响我未来的选择。

经历了这些之后,是时候再次沉浸于当地文化之中了。

在瓦拉纳西（Varanasi），当地文化实在是疯狂。街道上充斥着刺鼻的气味，它们的种类比我此前经历过的所有气味还要多：各种香料、香草和辣椒粉的气味是如此强烈，你几乎能在空气里尝出它们的味道。我们喜欢廉价的食品摊，总是不停地在小摊上吃饭，一顿只用花50便士。牛在这里很受尊重，人们不会去打扰它们，哪怕它们走进店铺的正中央。有一天我们正在一条蜿蜒的狭窄小道上漫步，这样的小道有很多，上方通常晾晒着衣物，窄得刚好能让两个人肩并肩走路；突然之间，我们听到一阵叫喊和尖叫，刚回过头就看见一头公牛出现在我们身后两米的地方，感到受困并惊慌的它朝着我们直直地冲了过来。我们将身体紧贴在墙壁上，感受到了这头动物经过我们身边时它身上散发的热气。除此之外还有更多值得体验的东西。

在这座圣城，各种形状和大小的绚丽建筑簇拥在恒河两岸，称为"迦特"（ghat）的石阶一直延伸到河水边缘，有人在河边晾衣服，还有连接男性小便池的管道直接排进河里。河边有火葬场，当尸体焚烧的时候，可能会有一颗头颅或一条手臂掉进棕灰色的污浊河水中，然后顺着河水浮浮沉沉，漂到某个母亲正在洗衣服或者一群小伙子嬉戏着跳进河里的地方。它是全世界污染最严重的河流，简直是个垃圾场，从污水到工业废料都来者不拒，但对印度教徒来说，在恒河中沐浴是一项神圣的仪式，可以洗去他们身上的罪恶——这种仪式可以追溯到恒河水干净得可以饮用的时候——然而我想试试像当地人一样走进恒河水里。

在恒河沐浴有一种特殊的技巧：从岸边涉水走进河里，盖住鼻孔和耳朵，闭上嘴巴和鼻子，然后迅速将头扎进水里。马特和我走进河里，在漂浮于水面的物体中清理出一条道路，我想把挡在前面的一样东西挪开，它看上去像是一根很粗的绳子。当我把它捡起来时，我意识到它是粪便，赶紧把它扔了，真是恶心。马特在一旁嘲笑我。尽管臭气逼人，我们还是继续向前走，然而一切都感觉很不对劲：河水是暖的，就像是脏的泡澡水，而且当我踩下去的时候，鬼知道我的脚陷进了什么东西里，感觉是一种粘稠的类似淤泥的油腻状物质。我克服了种种不适，将身体全部浸入河水，然后费力地走了出来，嬉笑着评论了一下这件事的残酷程度。当我走上来的时候，有些东西附着在了我的身上，让我直奔淋浴间而去。

我们想要亚洲的疯狂——我们得到了这样的疯

狂。然而我们再次回到了背包客路线上，而且虽然我们继续向南来到了果阿邦（Goa），想着前往斯里兰卡然后再到非洲或南美去，但钱已经花得差不多，应该是作长远打算的时候了。我提议我们应该趁还剩下几千英镑的时候回家，回去继续做救生员的工作，再攒一些钱，这样的话对于接下来去哪里和做什么就会有更多选择余地了。于是在经历了 10 个月的旅行之后，我们在 2011 年回到北威尔士，又开始做起了我们的工作。

感受了印度的绚烂多彩和燥热阳光之后，我真的需要好好适应回来的感觉——毕竟我是从美丽疯狂的恒河回到加了漂白粉而且有严格监控的游泳池。我一直提醒自己这只是暂时的，但是在见到家人朋友以及吃那些我想念的食物带来的兴奋劲儿过去之后，我开始感觉低落。我突然意识到我想念的不只是旅行，而是冒险。所以我决定像探索其他国家那样探索英国。我给自己立下一个挑战，在 10 天之内单人无支持骑行将近 1000 英里，从约翰奥格罗茨（John O'Groats）骑到兰兹角（Land's End）。为了给这次挑战赋予使命感，我决定利用这次骑行为英国全国防止虐待儿童学会筹集善款。我骑着一辆廉价的旅游竞赛两用自行车出发了，只带了最少的补给、一顶小帐篷和一张完全没用上的地图。

这是一场美妙的旅行，我一路都住在帐篷里，平均每天骑行 130 英里。我有三次最后骑到了不允许露营的城市，于是我敲开当地居民的房门，询问我是否可以把帐篷扎在他们的花园里。只有一次，对方看我的眼神就像我是个十足的变态——大多数人还是非常友好的。从连绵山脉到美丽海岸，沿途风景十分优美。在最后一天，我骑了 204 英里的距离。我完成了从北到南贯穿英国的骑行，在 7 天之内骑了 985 英里。而且在我骑车的时候，我思考了接下来我要做的事。

我回到家之后，有一天马特和我坐在我家的温室里喝茶。我说，"我有一个非常让人兴奋的主意，而且我觉得你也许想加入。"

他注意到了我的兴奋和我眼中闪烁的光。"啥？你在想什么？"

"还记得我们在泰国涛岛的时候么？"我说。当我们在那里潜水的时候，我认识了一个正在为自己的潜水长证书训练的人。他说对于做这件事而言，涛岛在全世界范围内都是很棒的选择：它是一个生活成本很低而且有趣的地方，有很棒的深潜条件。"我要去住在涛岛，成为潜水长。"

如果我们完成了潜水教练级别的课程，我说，我们就能在国外工作和生活了。马特立刻就爱上了这个想法。于是在5个月的努力工作并存下一些钱后（与此同时马特存到了足够多的钱，去加拿大参加了成为滑雪教练的培训），我在泰国与马特会合了。我们直奔涛岛，兴奋于旅途中即将到来的新篇章。

刚刚结束英国的工作就直接来到这里，我非常渴望探险。但现在我需要专注于获得自己的证书；我需要工作。在整整两个月的时间里，我都把时间花在海底的潜水路线上，记录了60次潜水，然后得到了一份潜水长的工作，很快我就在亚洲的某些最美丽精致的水域教人潜水了。我住在泰国湾和安达曼海上的一个漂亮小岛上，遇见来自世界各地的人，他们都很愿意接受新的体验和乐趣。大海就是我的办公室，而我只穿一条短裤。

我最爱的地点是春蓬尖礁（Chumphon Pinnacle），从我住的岛上过去需要乘船40分钟。它很出名，是周边海域最好的潜点之一。这块礁石向下直插到40多米深的海底，是众多海洋生物的家园：经常能看到鲸鲨和白真鲨，对我来说这才是最重要的。当我们回到船上时，所有人都七嘴八舌地热烈讨论起来：每个人都会分享一段美妙的体验，这种共同的经历在我们之间形成了一种纽带。潜水后会举办派对，那也是我喜欢的——大家都很合得来，而且夜生活的消费非常便宜。这种生活方式简直棒极了——阳光、大海和极限运动，不潜水的时候我们会去徒步或者租一辆四轮沙滩摩托车，我还学会了后空翻。我遇到了几个姑娘，但一切都是短暂的，因为她们只是来旅行的，必须回家。从各个方面来说都是梦想中的工作：一个男人还能再要求更多的东西么？

下一步是取得教练资格。我通过了课程考试，然后成为了潜水长（master scuba diving trainer）和专项潜水员（specialty trainer），这样我就能教学员如何在沉船中潜水，如何深潜，如何在夜间潜水，以及如何佩戴潜水推进器潜水。这些类型的潜水都会提供不同的体验并且需要不同的技术，但夜潜才是最特别的。当你潜入深海，四周一片漆黑，你只能看到手电筒照射到的地方，这时候你很容易迷失方向，所以保持专注是很重要的。当你的水平逐渐提升，你就会知道应该寻找什么了。大海在晚上甚至更加活跃，因为大多数海洋生物都在这个时候出来捕食。在一次夜潜中，当我转身看向身后时，我看到自己被一条巨大的梭鱼跟踪了，它是一种大型捕食鱼类，有细而长的身体，长着一副巨大的下颚和牙齿。那感觉真是可怕。

作为一名潜水教练，我发展出了强烈的自我意识，我的信心大大增强，这要归功于我和学员的关系以及对他们的责任。当我受邀去南边潜水条件更好的小小的丽贝岛（Koh Lipe）时，我立刻表示同意，暂时离开了涛岛的夜生活。只需慢跑10分钟就能穿越整个丽贝岛，而且岛上连一台功能完全的自动取款机或者便利店都没有，甚至都没有一个正式的靠岸码头，但它是个美丽、纯粹的岛屿，一个宁静的所在。有一天，在乘船去潜点的途中，我们遇到了两头巨大的鲸，可能是小须鲸。我把水肺潜水的装备留在船上，只带着呼吸管、脚蹼和面罩就直接跳进了水里，然后我们一整天都和8米长的大鲸鱼一起游泳。

我在那里生活了三个月，挣了更多钱，专注于自己的健身计划，吃健康食品——早餐是水果、牛奶什锦麦片和酸奶，晚餐是米饭和鸡肉。我在白天潜水，晚上则努力训练，这能让我保持专注和机警。我过得非常有规律，而且我感觉比从前任何时候都更强壮。

在涛岛，我开始了成为一名泰拳手所需的训练。我在曼谷看到的那场搏斗给我留下了深刻的印象。我一直认为知道如何保卫自己是一件很重要的事；

充分了解自己身体的能力并挖掘它的最大潜力,我对此十分着迷。我在学院练过拳击,这是很好的基础,但我想升级换代,学习如何使用全身的更多部位。泰拳是一种高强度且残酷的搏斗,号称"八肢武术"(martial art of eight limbs),可以教会我站姿缠斗以及使用膝、腿、肘和拳攻击对手。

我在超过 30℃ 的气温下训练,还在搏击俱乐部和当地人对战。我喜欢比赛和它带来的兴奋感。我学会了如何用小腿击打树干以杀死神经末梢,即使不训练的时候,我也会在晚上用书脊敲打我的胫骨。泰拳据说是全世界最具毁灭性的武术,而我真是喜欢这一点。丽贝岛上的潜水季结束后,我回到涛岛,迎来了我的第一场拳台比赛。

比赛在一个带篷的户外拳台上举行——这很老派,所有潜水的伙伴都跑过来支持我。参加比赛的一名拳手来自泰国本土,是一位不败选手。我本来不应该和他对打的,但安排与我对战的拳手没有出现。由于我们是两大最有看点的拳手,于是就被安排在一起了。我很紧张,但为此每周训练了大约五六天。有人叫了我的名字,于是我从绳子上跳过去,走上拳台。耳边响起了传统的泰拳音乐,我已经慢慢学会欣赏它了,虽然它是那么令人胆战心惊。这种音乐使用音调很高的乐器和鼓演奏,会逐渐加快节奏,激励拳手全力搏斗。

我环绕拳台,表示我的尊重。对手表现得相当傲慢,看来是认为这场比赛他赢定了。这让我更加兴奋,充满了动力。当地人聚集在拳台边上,手里握着钱,叫喊着——大多数人指着我的对手,把赌注押在他身上,不过也有少数人指着我的方向,赌我会赢。当我们走进拳台中央时,叫喊声、欢呼声和音乐声都开始平息下来。裁判宣布了比赛规则,抓住我们的手套碰了一下,然后我们走回到自己的角落。比赛开始的铃声响了。

大部分泰国人都以为西方人只擅长出拳而不擅长踢腿,所以我一直在专注于完善我的踢腿技。我直接来了一记高扫踢头,他猝不及防地挡住了这次进攻,但还是踢到他了。我们环绕着彼此转起了圈,然后我又用高扫踢头攻击他,正中目标。他用下踢攻击我,我挡住了,但他没有做好防守,门户大开,于是我用左手来了一记直拳,就是这一拳把他击倒了。10秒之后他还没有站起来,所以这次攻击被判为技术性击倒——这并没有那么令人惊讶,因为没有健康安全条例的约束,我佩戴的手套很旧,旧得两面的衬垫全都压缩在一起,所以戴上它的击打效果和赤拳没什么两样。在第一局拿到了一个 12 秒技术性击倒，我就这样赢了自己的第一场拳台比赛。人群里的每个人都成了我的支持者，我还赢得了相当于 100 英镑的奖金，这感觉真棒。

我在天堂度过了一年半。但我开始感觉生活太舒适了，而且总是一成不变。我不可能作为潜水员在泰国长期定居；它是我一直都会拥有的执业资格，是所有其他尝试都失败时的退守之选——但它也是我迈向下一个重大目标的踏脚石。最后，我不能再忽略探险在心底的呼唤了。我有一种使命，一种欲望，要去做那些不同寻常的事。我要踏上一场比我从前的所有探险都更壮阔的远征。马特和我的关系一直都很好，我们一起度过了几年的旅行生涯，一次架都没有吵过；在洞穴或沉船中水肺潜水时，我们会彼此照应。但或许是时候一个人做一些事情了。

我曾经有过去蒙古旅行的想法。我小时候看过这个国家的短片：鹰从高空俯冲下来捕捉啮齿动物、狐狸甚或狼；那里的风景和严酷的自然环境深深地吸引了我。我曾经和我的叔叔卢克聊天，我们会说，"想象一下走在蒙古的中央会是什么样子，你要克服所有极端条件，和狼搏斗才能活下来。"这句话留在了我的心里。虽然生活在泰国时我不断遇到旅行者,但我从未见过任何曾经去过蒙古的人;没有人提到过它,而我对这个国家一无所知。这也是它的部分魅力所在。它远离热门旅游路线,这让我感到兴奋和好奇。我忍不住想着蒙古,停不下来。它在消耗我。它就像是我够不着的痒痒,一种迫切需要实现、无法控制的强烈欲望。

关于蒙古,我只知道一件事,它拥有极端天气和冷酷无情的地貌,会给我带来终极挑战。我已经完成了一些骑行之旅,此时我想在荒无人烟之地进行一次徒步,只靠自己的力量完成一次生存挑战。我回想起了我在喜马拉雅山脉登上那些山峰时感受到的兴奋,以及在此之前我和缅甸山地部落一起生活时感受到的宁静。步行给人的感觉很老派,而且意味着我不用非得沿着任何道路。起初我考虑的是徒步 100 英里;然后我想,为什么不从北方走到南方呢? 计划中的徒步距离逐渐加长,没过多久我就开始考虑横贯整个国家了。

蒙古成为了我的计划目标,我的热情所系。我发现了一个基本上没有多少公路的国家,从天气到地貌都很极端的国家,而且我对这个国家基本上没有多少了解。

接下来的几个月被我用来进行大量的研究。如果没有工作,我就趁这个机会抓紧制订计划。潜水成了一项琐事,因为我只想尽快发起这场远征。就算朋友们邀请我去参加派对,我也不再那么感兴趣了——我很专注,并且将泰拳看作是让自己做好准备的一种方式。

我发现蒙古是全世界人口第三稀疏的国家。从西走到东,穿越群山和沙漠,这一定会成为非凡之举。

我认真地计划了这一时刻;所有我此前的冒险造就了我此时的渴望和源动力。我真的,真的很想去蒙古探险。这种渴望驱动着我。

第二部分：徒步穿越蒙古

我穿越蒙古的路线

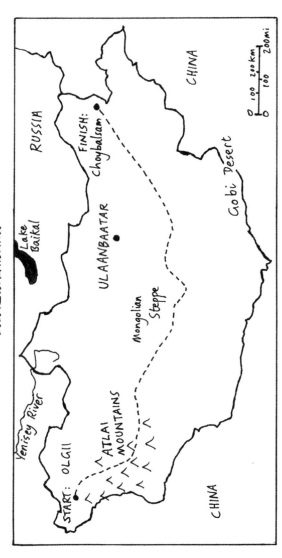

4

人人都说不可能，但我还是选择出发

　　我的目标是单人无支持徒步横贯整个蒙古，先步行穿越阿尔泰山脉，然后穿越戈壁沙漠，接下来进入大草原。当我开始计划的时候，我想最好找找曾经这么干过的人，问问他有没有什么建议和忠告，需要为旅途中可能遭遇的危险做什么准备。我找来找去，费了老大劲也找不出一个人。我突然意识到，我或许是第一个做这件事的人。

　　我没有得到正式的记录，但我找不到任何证据可以表明曾经有人完成过蒙古的单人无支持穿越。不过我找到了雷普利·达文波特，他曾经尝试这样做，但因为受伤而中途撤离，在第1012英里放弃了他的远征。我敬畏他的成就,但与此同时也感到担心:雷普利曾经当过海军,是一名沙漠探险家,比我有经验得多。我之前从未去过沙漠,更别说徒步穿越一片沙漠了。当我读到他在蒙古经历的艰难困苦并听说他被灰狼跟踪了两周时,我开始怀疑自己了。我通过电子邮件联系上了他,向他寻求建议,幸运的是他人很好,愿意回复我。那是一封令人生畏的回信:

"你需要小心干枯的水井、滞流水、喝醉酒的牧民、灰狼、暴风雪、沙尘暴……"

这足以令我惊慌失措,让我开始重新打量世界地图,或许应该改变主意,尝试别的冒险,去一个人口更多更安全的国家……我现在看出这是一个比预期大得多的挑战,但我决定不能被吓倒。雷普利还在邮件中写道:

"不可思议的是,无论发生什么都能继续走下去的能力。"

似乎是很睿智的一句话,我会记住它的。

我想下一步应该是联系某个身在蒙古的人。通过我叔叔,我找到了一个名叫罗伯·米尔斯的人,他当时是 The Adventurists 旅行公司的经理,这家公司很有名,经营蒙古国内外的探险旅行。我联系上了罗伯,问他觉得我有没有可能单人无支持徒步横贯蒙古。一开始他说不可能,但很乐意为我的远征提供后勤方面的帮助。

我仍然在泰国,有一大堆事需要安排。我申请了国家地理杂志的 5000 英镑拨款,但没有拿到这笔钱;我通过了初选,进入了最终候选人名单,但直到2014 年初才能知道自己成功了没。我和罗伯在网络视频电话上见了几次面,然后和他的团队一起研究,我爸和我联系了吉尼斯世界纪录还自己做了研究,都没有发现曾经有人在单人无支持的情况下穿越蒙古的证据。

罗伯说如果我完成了这次远征,那我就会是第一个做到这件事而且得到记录的人。对我来说,这改变了所有事情;从此我对待它的态度比之前认真得多了,而且对它的渴望超出了世上的一切事物。它不再只是很棒的挑战和经历,而且也是一次会有巨大收获的行动——成为全世界第一个做成功这件事的人。我开始不再简单地将它视作一场探险,它还可能成为改变我职业生涯的契机。从小时候起,投身长途探险就是我梦想中的“工作”,但我从不相信真的有实现这个梦想的方式;学校里的职业指导员从来没有建议过类似这样的东西。

我需要放弃自己在泰国的生活,卖掉所有东西,并且冒着很大的风险回到英国计划我的蒙古探险之旅。这是个破釜沉舟的选择,因为如果我没能完成自己的内蒙探险,我就必须再次购买所有潜水装备。但我不会失败。我不能允许那种情况发生。所以我必须做好百分百的准备。

在我生活的天堂之岛上,我已经尽我所能地做了很多计划,但我感觉为这样一场浩大的远征做准备,真正的训练场必须是在家乡。北威尔士拥有高山、艰险的地貌和非常难以预测的天气,会是让我做好准备的最佳地点之一。搬回家中和我的父母同住也不是一件轻松的事。虽然他们的个性都很随和,但我父母和我都知道,在体验了那种生活方式之后,回到家之后我一定会感到不适应和压抑。尽管他们都会很高兴让我回家,特别是我的姐姐塔什和此时已经八岁的布罗迪,但重要的是我没有忽视我的目标,淡化我的梦想。

我计划在新年之前飞回家并在伦敦和罗伯见面。在皇家地理学会,我会和他一起查阅质量最好的蒙古地图,我们会查看路线和饮水点,更详细地讨论这次探险,比之前详细得多。罗伯成了我的探险经理,有他给我出谋划策真的很棒。他非常熟悉蒙古,断断续续地在那里生活了五年;他走遍了蒙古各地,有一支包括翻译和修理工的团队。这有助于更快地推动事情的进展。

我得到的一项建议是抓住机会宣传我这次前所未有的探险,尽管它遭到失败的风险很大。这是一次困难重重的旅行,途中可能出现的危险不断涌入我的脑海——尤其是在晚上,此时情况总会显得更糟糕一些,我会一连几个小时睡不着觉,想着这次旅行和它涉及的风险。有一天晚上,我从噩梦中惊醒:我梦见自己独自一人在野外的帐篷里,那是一个狂风大作的夜晚,一群狼在帐篷外打转,朝着午夜的天空发出阵阵嚎叫,我手中握着刀贴在自己胸口,大汗淋漓,浑身颤抖。这种梦实在是没法让人高兴起来!我必须屏蔽这些想法。我知道有些时候,疑虑会爬上心头。但是一旦白天来临,我就会疯了似地做计划,感觉比以往更加专注和坚定。

于是我听取了这个建议,到处去宣传我的计划。我在泰国遇到的一个朋友帮我和一位技术人员搭线,后者为我制作了一个非常棒的网站。另一个人做了一个徽标。我开始联系公司争取赞助——很多公司拒绝了,但也有很多公司愿意提供赞助,当我到家的时候,家里已经有各个供应商寄过来的盒子等着我了。

我的叔叔菲利克斯(Felix)表示愿意资助这次探险,还为我提供了用来拍摄录像的摄像装备;我一直都自己拍摄自己的探险,这件装备真的是特别重要。我非常感激他的支持。这样我就可以不用依赖国家地理杂志那笔可能的拨款了,因为我需要尽快知道资金筹集的情况。现在我回到了家,有一些赞助商,有探险所需的资金,还有罗伯当我的后勤经理,我们终于可以更进一步,确定日期、签证、路线、疫苗、拖车、装备和电子设备。

当然,我还需要做好身体上的准备。我的车库里有一台多功能健身器材,我的叔叔卢克还留下了一只拖拉机轮胎,于是我每天花三个小时进行比以往更刻苦的训练,无论天气如何。此时正是寒冷的严冬——这个过程相当严酷,但我不在乎。我用大锤击打拖拉机轮胎,给轮胎翻面,继续练习我的泰拳,进行自负重训练如引体向上、仰卧起坐和俯卧撑,还有负重训练,尽可能积累我的内部核心力量,以便能够翻越重重山丘并跋涉漫长的距离。我背着沉重的帆布背包骑车和慢跑。

我尝试了几乎所有锻炼方式,然后感觉自己前所未有地强壮。我的块头并不大,如果我为了增加肌肉量而训练，在野外的时候我就会迅速消耗能量。我需要维持良好的体重——但肌肉比其他成分都要重，同时还要保持很好的敏捷性、平衡感和全身力量。

我在英国见到了一些去过蒙古的人，很多人说他们觉得步行穿越这个国家是不可能的，尤其是一个人，身体根本受不了。他们当中的一些人骑着马在蒙古各地走了 1000 公里，而我此时还从未去过那里。这番言论相当不利于我的信心，但我感谢他们的坦诚。在某种程度上这让我更有动力了；我知道当我在野外艰难挣扎的时候，回想起这些会是很大的帮助。我会用他们的话激励自己继续前行。

我把地图拿出来，问罗伯，在远征途中的这些天里，哪一天是我有可能失败的，是我注定不会成功的一天？人们曾经做过更宏大更美好的事而且成功了，所以只要我将一切分解开来，弄清楚成功需要什么，那么它就是可以做到的。只要我有食物、水和继续下去的力量，那么我就能每天奋力向前。饮水点是最重要的，我需要确保的是拖车上携带的水足够我在两个确定可用的饮水点之间使用。

我们全家共同的朋友保罗说，他可以为我制造一辆能够满足我需求的带轮子的拖车。它会成为我可靠的生命保障；我会用它来装确保旅途成功所需的一切东西，我的所有补给，加起来一共重达 18 英石（约 120 公斤）。我给他寄了一些其他设计供他参考，但这次的预算仍然很紧张。我们选择了低碳钢，而且我得到了定制的防穿刺轮胎。与你合作的人相信你在做的事情，倾听你的意见并根据需要做出适宜的改动，这真的很重要。保罗做得棒极了；我们经常保持联系，他会给我寄工作进展的照片。

我需要测试自己的装备，赞助商们寄过来的衣服和鞋子。我和朋友马丁一起从南到北徒步穿越了威尔士。在寒冷、潮湿、多雨的严冬中，这场旅行是很棒的训练，而且是穿越我们家乡的一场令人享受的探险——我们竟然迷了许多次路！接下来我前往德国见了曼纽尔·胡贝尔，然后在奥地利阿尔卑斯山脉进行了单人短程徒步，期间有一次我差点被山崩卷走，除此之外这算得上一次很棒的徒步之旅。我尽量不去想自己在蒙古会过得怎么样。当所有事情似乎都已经就位，我去苏格兰进行了一次测试，拉着我的拖车和我的所有装备沿着西部高地之路（West Highland Way）行走。那里的暴风雨太多了。我都没怎么睡觉；我冷得要死而且还必须穿越许多河流，河水齐腰深，因此我不得不把整辆拖车拆成零件，一件一件地带着过河，与此同时狂风大作，雨滴铆足了劲儿往下砸。第二天，拖车的底板突然掉进了积水里，我的所有装备都放在上面，它们顿时都湿透了。我不得不取消行程，找车来接我，回到了威尔士的家中。这次旅程挺让人灰心的，但它是一次宝贵的演练，我现在知道我还应该做什么才能充分准备好自己的装备。

时间过得飞快，准备过程有时顺利，有时不顺利，不过到最后一切都准备妥当了。我主要担心的是我的签证有效期只有 90 天，在此期间，我要拖着大约 120 公斤重的东西跋涉 1500 英里，穿越群山和沙漠——这似乎不太现实。我设想过一种很糟糕的情况，在距离终点还剩下一周的时候因为签证到期被接走了。我可以关闭卫星电话，这样他们就找不到我了——但我永远都不会这么做，因为这会给为我办理签证的团队带来麻烦。我只能希望在抵达蒙古时能够获得时间更长的签证。

从这个想法第一次浮现在我脑海到现在，已经过去 14 个月了。在出发前的最后一周，我感觉很奇怪，有一种复杂的情绪；尽管我感觉已经准备好了，我仍然会质疑自己。我对自己说这是正常的。我此前从未以这种方式测试过自己。我对自己说我必须迎接挑战。

多少有些担忧我可能会面对的情况，我给自己录了一段长长的语音备忘录，里面全都是激励之语，遇到困难时可能会用得上。我说："现在你在戈壁沙漠里，你面临着巨大的困难——向前走吧！如果你就这样承认失败，回来之后你什么都得不到，所以继续向前吧！"在我最落魄的时刻，我就可以听听这段语音备忘录，希望这些积极的话可以给我动力，它们来自还待在家里的阿什·戴克斯，他吃得饱，有水喝，而且很健康。如果真到了那个时候，但愿它能帮助我勇往直前地走下去。

所有东西都比我提前两周飞到了蒙古：拖车、五周半的口粮包、炉子、露宿装备和衣服，只有一个帆布背包除外，我会随身带着它。一个名叫简雅的蒙古人和我确认说他会在装备抵达机场后去把它们领回来。

我向自己的家人和朋友道了别，在我的社交媒体上为那些追踪我事迹的粉丝发布了一段视频，将第二天早上离开所需的所有东西打包好，早早地睡了觉。我爸妈很焦虑，但也为我感到兴奋。

2014年5月14日，我起得很早。妈妈给我做了培根三明治，我和她拥抱道别。她看起来很沮丧，但仍然很勇敢，因为她知道我必须保持锐气。我爸能够看出我有多么专注，并且用他积极的方式让我更加专注，在开车送我去机场的途中和我一起逐步讨论着这次探险。他也保持着勇敢的表情，我们拥抱的时候我对他低声说道："我会照顾好自己的。"然后我向前走，穿过登机口时转过身，微笑着用力挥手向他告别。

蒙古夹在北边的俄罗斯和南边的中国之间；有时被视为亚洲的中央，它是全世界面积第二大的内陆国家，仅次于它西边的邻国哈萨克斯坦。2014年，蒙古的人口总数还不到三百万，大多数居住在首都乌兰巴托。在这座城市的上空，我看到的景色是此前从未见到过的。虽然它拥有古老的历史，但现代建筑占据着主流——在城市边界之外是延伸到远方的低矮山丘，牧民们居住的蒙古包的白色圆顶点缀在地势缓和的绿色土地上。

这景色很美，而且让我想起了《指环王》中的场景。我抵达的那一天阳光明媚，这座城市熙熙攘攘，但是比我想象得更小一些。它没有我曾经去过的亚洲城市那样喧嚣，但堵车得要命，在污水和废气的味道中时不时飘来一阵从附近乡村吹过来的新鲜空气。

和简雅的初次见面很愉快。他面带笑容走向我,和我握手并说:"你好,阿什。"他晒得稍微有些黑,身材比我壮实,身高比我低几英寸,有黑色的头发和黑色的眼睛。我们很快就熟络了起来,他让我感到自己是受欢迎的,带我到处闲逛,以当地的方式教育我。开车带着我在路上行驶,他对我的旅行很兴奋,一边哈哈大笑看向窗外一边对我说我疯了。我看着城市边缘的山丘,和他一起笑了起来,心里想着没错,这一定会很疯狂。

简雅已经为我订好了一家客栈,但是在去那里之前,我们先去检查了我的行李。因为蒙古如此空旷,所以我需要在我的拖车里装上抵御极端天气的衣物、摄影器材、五周半的口粮包、露宿和烹饪装备。然后它们被一辆汽车(它看起来像是锈迹斑斑的老式公共汽车)运到了乌列盖(Olgii),下一次我会在那里见到它们。我们签了一些文件,付了钱,然后等待最好的结果。

客栈很不错,有一个小厨房、一个公共休息室和浴室,还有一个卧室。卧室虽然小,但拥有我需要的所有东西。安顿下来之后,我又和简雅一起出去,见到了他的妻子奥吉,她也在帮忙处理后勤方面的事。她刚刚开着自己崭新的车发生了撞车事故,这时正在发火。我很同情她,尤其是因为这场车祸完全是对方司机的责任。她礼貌地和我打了招呼,然后就重新和那个司机还有其他几个围观者吵起来了。这里的人总体上是友好的——简雅向我介绍了一些不同的人,我对他们的印象都很好。

在那天晚上听说我对签证问题的担忧之后,奥吉在第二天上午把我从客栈接走,带我去了一家签证办事处,她在那里给我的签证有效期又争取了 30 天。我感觉如释重负——而且现在没有失败的借口了。然后奥吉想带我去甘丹寺(Gandantegchinlen),一座中式风格的藏传佛教寺庙,寺名翻译过来的意思是"极乐福地"。奥吉和我环绕着这里的建筑,她拨动了转经筒,或许是在祈祷我的安全。她了解养育自己的这片土地,也知道它有多么冷酷无情。

简雅和奥吉把我带到了城外 50 公里的一座美丽绿色山谷中,那里生长着松树,他们想让我在这里学习如何恭敬地走进蒙古包。在这次探险之旅中,我必须经常走进蒙古包,而我应该极力避免冒犯任何人。蒙古包就像中亚的圆顶帐篷,它是蒙古人的传统民居,由一个简单的圆形框架和盖在上面的毛毡组成;蒙古包是草原上的这些游牧民族设计的,结实得足以经受风霜雨雪,同时又可以折叠,方便移动。

当你进入蒙古包的时候,门口有一个门槛,踩在上面是很粗鲁的行为——你必须跨过去,而且门框上吊着一卷刺猬皮,是用来防止邪灵进入的,千万不要敲打它。蒙古包的中央有两根杆子,你只能绕着走,不能走到它们中间;女性坐在厨房的右边,男性坐在左边,不过反着坐也是可以接受的。当你坐下时,双腿朝外伸开占据很多空间被认为是无礼的行为,所以你坐下时应该交叉着腿或者把腿往里缩。你应该用双手接住盛食物或饮品的盘子,或者用一只手接,但同时要用另一只手触碰自己的手肘。

为了进一步加深我的文化教育,我还被带去骑蒙古矮马。那匹马知道我是初学者,对我很不客气。五分钟之后,情况就变得难以掌控了。我不想在出发之前弄伤自己。在成吉思汗(Chinggis Khan)博物馆,我了解到如果你叫他 Genghis Khan(汉译仍为"成吉思汗")的话,当地人会不高兴的,因为那是俄国人对他的称呼。他最初的名字是铁木真,出生于约公元 1162 年,当时蒙古草原还是一片部落之间频繁发生绑架、盗窃和斗殴的土地,到公元 1205 年的时候,他已经除掉了自己的大部分对手,组织起一支庞大的军队并自称成吉思汗,意思是"所有一切的统治者"。当他在公元 1227 年去世时，他的帝国拥有面积相当于非洲的疆域。

在计划路线时，我想穿越阿尔泰山脉、戈壁沙漠和蒙古大草原。但罗伯说我不能太靠近边境，否则会很敏感——蒙古西部毗邻哈萨克斯坦、俄罗斯和中国——于是最终决定我从最西边的城市走到最东边的城市。然后我们开始寻找饮水点，因为找不到水是最大的威胁；当然还有食物补给点，因为我不可能携带这次旅途所需的全部食物；阿尔泰山脉会很冷，然后夏天的戈壁沙漠又极为炎热，气温可超过40℃。走完全程的预期时间是 100 天。

我的起点是乌列盖，从乌兰巴托飞过去需要三个小时，跨越这个国家三分之二的国土。我们坐的是一艘小飞机，中途还得加一次油。当我们在机场等待的时候，我问了简雅一些问题，我感到内心怪怪的，做好了准备却又紧张不安。然后简雅问了关于泰拳的问题，谈论着训练和健身，我的注意力突然从眼前的任务上转移开了。我感到自己重新受到了激励；它提醒了我自己为什么在这里。

然而在飞机上，当我看到下面那片广阔、空旷的荒野时，我又感到有些害怕。我知道蒙古人口稀疏，但直到我亲眼看见之前，我都没有想到它竟然稀疏到这种程度。随着我们逐渐远离乌兰巴托,沿途的聚居点越来越少;最终每过几分钟我才能看到一个蒙古包,在四周的土地上点出一个孤零零的小白点。大地看上去崎岖寒冷,我一直在想,天呐,看来这会是一场孤独之旅。蒙古是如此荒无人烟,我开始担心起狼了。漫长的飞行似乎没有终点,我开始思考自己需要走过多少地带。我现在开始感觉到自己的天真了,一个 23 岁的年轻人第一次来到蒙古,跟别人说我要徒步横贯整个国家。我此时疑虑丛生。我竟然认为自己能做到这件事,真是傲慢无知。我以为我是谁啊?我感觉这超出了我的能力所及。

抵达乌列盖把我从这种情绪中拯救了出来,我又重新回到了兴奋模式。它坐落在阿勒泰山脉中央的一块高地上,是一座建筑普遍不高的小城,有一条河穿城而过。在建筑群之外,一片淡棕色的土地延伸到山脚,更远处的山脊上有一抹淡淡的积雪。老鹰盘旋在头顶的天空上:乌列盖的金鹰节(Golden Eagle festival)和猎鹰打猎都很有名。由于靠近西部边境,这个地区深受哈萨克文化的影响,有几座清真寺。一场雹暴就要来了,天空阴暗,乌云密布,非常寒冷。我仍然感到紧张,但现在已是箭在弦上,不可能临阵退缩了。每个人都知道我的计划。我必须完成下一步的工作，为出发做好准备。

在开始徒步之前，我会和一个名叫阿格班的人住在一起，他是一位备受尊敬的登山家，在机场接我的就是他。他是个高个子蒙古人，虽然我们之间存在巨大的语言障碍，但他立刻就让我感觉到了热情。在亚洲旅行和生活几年后，我已经习惯了这种状况；总会有一种交流方式的，不过你必须在这个过程冒着让自己看起来很蠢的风险。

夜晚来临，我从一座温暖舒适的小屋看向窗外，外面是寒风凛冽、白雪皑皑的山峰，月亮在山峰后面投下清冷的光。那天晚上我再次难以应付脑海中的消极想法。我没有人可以聊天。是我让自己置身于现在的处境。或许一部分原因是坐飞机导致时差还没调整好。不过之前我就知道自己很可能会有这些感受，而且知道我必须摒弃它们，熬过这段消极的情绪，重新找回积极的状态。

第二天早上，乌云消散，明亮的阳光照耀大地。我感觉自己积极多了，已经准备好收拾行装，尝试这次一生只有一次的旅行。我们一起去市场购买我需要的一些东西；我想买一些彩笔作为礼物，送给我沿途碰到的孩子。市场——或者叫巴扎——出售五花八门的东西，从马肉到哈萨克刺绣再到施工设备，什么都有，入口周围是一个摆满了室外桌球台的区域。当阿格班和我在城里走动以及停下来吃羊肉饺子的时候，似乎每个人都认识他，还冲他大声打招呼，他会向每个人介绍我，于是消息像野火一样传遍了全城，每个人都知道我要尝试步行横贯蒙古。

我们回到他的住处之后，阿格班、他的侄子和我将拖车组装起来并测试了一下。他们开始摔跤，然后提出想看我打泰拳的照片。晚上十点钟的时候，我们去公共浴室蒸了个桑拿。我了解到公共浴室在蒙古很普遍，因为很多人的家里都没有热水淋浴。

身处潮湿的热气之中，我感觉整个人都要融化了，我对自己说趁现在抓紧享受吧，等我到了山里，我会祈求这种热度的。桑拿的热气和滚烫的热水让我感觉像是一个完全不同的人：它有助于清理和聚焦我的思维，同时重置我的身体状态，让我在那天晚上能够睡个好觉。这一天终于到来了。我在醒来时脸上挂着一个大大的微笑，虽然内心仍然紧张。

5

阿尔泰山脉——暴风雪，沙尘暴以及躲避狼群

当我向阿格班道别时，我知道自己要在很长的一段时间里独自一人了，而且还会有更长的时间看不到一张熟面孔。所有之前的探险我都是和朋友一起的，我不知道如何应对孤身一人的情况。曾经登顶过珠峰的阿格班看上去有些为我担心，他很清楚我将要面临的挑战。我们彼此拥抱，然后走向了不同的方向，他回城里，我独自前往野外。我要抓住这次机会，看看自己到底是用什么材料做的。此时此刻面对脚下的路，我只能一步又一步、一天又一天、一周又一周、一月又一月地走下去。

要想在预期的 100 天内走完全程，我需要每天走 15 英里，不过因为有些日子我可能必须休息，所以我常常需要在一天之内走得更远。反正我只能粗略地估计自己的步行距离。离开乌列盖时我走的是公路，每公里都有一个路标，我记下了自己走到下一个路标需要的时间，并根据这个速度估算自己走过的路程——不过我总是可以通过卫星电话来确认自己身在何处。我应该用三周穿越阿尔泰山脉。它是一座辽阔的山脉，延伸到中国、俄罗斯和哈萨克斯坦境内，构成欧洲和亚洲的天然边界，而且蒙古境内的阿尔泰山脉拥有这个国家最高的山峰，只有这里的山才常年积雪。融化的雪水为湖泊与河流提供了水源。

我沿着一条柏油路离开城市，但路上的车很少。周围的土地没有围栏，风景崎岖而美丽，我开始在头脑中想象远方平滑的沙地与多岩石的高山相连的地方。如果我会碰到狼的话，那就是在这个地段。我大概每小时碰到一个人，不过和接下来的旅途相比，这已经算是人气十足了；这很孤独，但我需要找到自己的路线。

我仍然不确定应该每隔多久休息一次，应该休息多久，也不清楚如何判断眼下是白天的什么时间：

什么时候停下来支我的帐篷，什么时候做饭，什么时候醒来。现在我只是在观察，拉着 18 英石（120 公斤）重的拖车，我的身体到底会有怎样的表现。我自己体重 11 英石，所以这就像是拉着我自己和一个相当大的孩子，或者拉着一头小象。我也从没有恰当地测试过随身携带的鞋子，但我是在有意避免过度计划，否则会导致压力；我更愿意走出去，看看会发生什么，在路上学习并随机应变。我提醒自己，他们都说改掉一个习惯需要两周，而我大概就需要两周的时间掸净灰尘，挖掘我狂野的一面。

那天晚上，我把帐篷扎在一座湖边，可以看到白雪覆顶的群山。气温降到了冰点以下，冷得我甚至都顾不上注意自己身体对此的反应。我从头到脚包裹得严严实实，为我的口粮包煮了一些水，享受眼前的风景，然后茫然地想着，这件事的确在发生着。晚上九点半的时候天黑了，但风声和帐篷在风中摆动的噪音让我难以入睡；我试图用耳机听音乐的方式帮助入眠，但这个方法并不管用。最后我肯定是在凌晨 1 点左右才睡着的。

第二天醒来时，我眼前是一片令人赞叹的美景，令人感觉神清气爽。我做了早饭，把所有东西都装上拖车。进入山区之后，只能在路况艰难的土路上行走,遍布岩石的地面让旅程变得更加困难了一些,但当我遇到一个名叫图尔布(Tolbo)的小型聚居点时,我仍然精力十足。我的计划本来是在这里住下,第二天再翻越下一个巨大的山口,因为有人对我说那需要一整天的时间。但我没有这样做,我只是在这里补充了水,与此同时有当地人过来帮我并试了试我的拖车,然后我就继续上路了。

多亏了我此前的那些训练,我很快就爬上了一条陡峭的山谷;道路很艰难,天气很冷,而且我越往上走风就越大,但这里的风景和我见过的任何地方都不同——它的主要特点是严酷的空旷,我经常停下来拍照。拖车变得越来越沉重了,满地的岩石经常把我们一起逼停。天色将晚,我知道我必须迅速找到一个能扎帐篷的区域——但四周并没有合适的地方,所以我只能铆足劲儿继续向山口的顶端攀爬。

就在天开始黑下来的时候,我爬到了山口上面,发现了一块平地。我在无情的寒风中扎起帐篷来,每隔几分钟就暖和一下双手,因为我能感觉手指就要被冻住了。这时候我看到有个人骑着摩托车向我这边走过来。我以为自己是在荒无人烟之地,但总是会有当地人出没在某个地方。他裹着一件黑色长袍,只露两眼的巴拉克拉法帽罩在脸上,他靠近的时候我才发现他只是个年轻的男孩,看得出他对我和我做的事很好奇。我和他握了下手,然后就继续扎我的帐篷去了,他站在那里开心地看着我,而我在和帐篷努力挣扎。

他一直等到我将最后一根固定桩打进地面,然后用手势表示我可以住在远处他的小屋里,那里还有冒着烟的烟囱。我毫不犹豫地答应了,为了避免误解又问了他三次,然后我以最快的速度把帐篷收了起来。

这是一座混凝土小屋,一个哈萨克家庭住在这里,他们看上去很高兴见到我,虽然我的样子一团糟——我的脸被风吹得通红,被极端条件折磨得够呛,但我感觉自己很荣幸到这里作客,当我指向窗外并用手势表示外面有多冷时,我不停地微笑并做出滑稽的姿态。这家人为我提供了一切东西;他们给我饭吃,给我温暖的环境,还让我洗了个澡——我半裸着站在一个小小的金属婴儿浴盆里,他们家的一个男孩将水壶里温热的水倒在我身上,全家人都在一旁看着我。我仍然禁不住微笑了起来! 他们出去放牧牲畜,于是我也加入了进来,而且我喜欢观看他们在这里高山上的生活。

然后我们走进温暖的屋子吃晚餐,这顿饭有山羊奶酪、牦牛肉和哈萨克茶。当我们都放松下来之后，我给他们看了阿格班给我准备的一张纸，上面用蒙古文解释了我是谁以及我在干什么。他们都震惊了。

这家人的母亲很艰难地尝试和我说话，虽然我听不懂，但这比被忽视好得多，于是我报以微笑，尽力回答她的话。我们用手势交流了一会，相当不错地领会了对方的意思，然后他们尝试教我说他们给我的食物和饮品的蒙古语名字。我让三个孩子在我的苹果手机上看了一段影片，他们很高兴，然后就该睡觉了，不过我们所有人都共处一个没有遮挡的开放房间里。我发现自己很难入睡，我的思绪总是在到处飘散，不过这都是发现我狂野一面的过程的一部分。

又一个晴朗、寒冷的日子在这位母亲操持早饭的声音中开始了。我吃得饱饱的，把我的装备装到拖车上。他们不指望收钱，但我还是给了他们一点钱表达我的感激。在我出发之前，我询问这里有没有厕所。那个男孩指向了到处都是牲畜的山上。我没有犹豫就上去了，但是觉得真滑稽。我很享受和他们在一起的时光，当我必须离开的时候，我竟然有些沮丧。我又要回到极端的天气中了，不知道自己是否还能遇到像这样的当地家庭,但我知道的是我又要花一天时间拖着沉重的拖车攀爬一座座山口。

我向他们所有人说了再见,然后满怀伤感地拖着沉重的脚步出发了。这一天很艰难;我从不在探险途中哭泣,但有时候我会因为当时感觉非常要紧的原因而十分沮丧。但伤心或孤独的时间不会持续很长;我会回到正事儿上去,并重新意识到我为什么要出来做这件事。

地形正在变得越来越极端。风很大,所以我戴着面罩或者将我的脸包裹在围巾里。地面完全冰冻住了,像石头一样坚硬的泥巴时不时卡住轮子,让拖车停在原地动弹不得,我必须向前倾着身子,将徒步杖牢牢扎进地面,用尽全身的力气才能把它拽出来。这本身就是一场费力的锻炼。拖车不光是很重,它还相当宽大,两边各有两个自行车轮,但我需要它,因为这件装备对我的生存至关重要。在到处都是石头的路段,拖车会很颠簸或者卡住,而我不能太粗暴,以免将它弄坏。当我将它从一块石头上翻过去时,它会立刻撞上另一块石头,因此总是四处摇摆,经常摩擦我的大腿。久而久之,我大腿上的皮肤开始起水泡,把我疼坏了。但我的进展很快,有时从早上 6 点天亮一直走到晚上 9 点天开始黑的时候。在某些天里我会走 15 个小时,行程可达 50 公里(也就是 30 英里多一点)。

在某个漫长的日子,我必须穿过一条小河,然后走过一座宽阔的冰冻湖泊。我能看到远方有几座小屋,并一直留意着它们。当我最终抵达湖对岸的时候,那里的人们邀请我进去喝茶;我无法抵达这诱惑,于是爬上小山,走进了他们的家。他们的生活都很悠闲,看上去对我很好奇,还给我弄了很多食物,我感到超级饿,以最快的速度狼吞虎咽地吃下去了。我填饱了肚子,心满意足地坐着休息,他们画了一辆小汽车和一辆摩托车给我看,问我为什么不像这样旅行。我笑了然后试图解释给他们听。

正当我即将要离开的时候,这个家的男主人似乎在用一种奇怪的眼神看我,先是看向我,然后看向他的妻子。我不知道这是什么状况。当时我正坐在床上,他妻子坐在我旁边,正给她的宝宝哺乳,而她丈夫坐在对面。然后他同时指了指我们两个人,然后将手指合在了一起——用手势表示要把他的妻子送给我。我不知道应该怎么办,也不知道这是不是他们之间的某种玩笑。我不想冒犯任何人,不过我开始笑起来,万幸的是他们最后也笑起来了。我赶紧离开了这里。

在路上看到尺寸不小的爪印之后,我意识到这片地区有狼。我遇到了两个骑着马的牧民,其中一个用绝对不会搞错的手势告诉我,前面就有在捕猎的狼,而且我会被活活吃掉;他用一个恐惧的表情结束了自己的哑剧表演。我一笑置之,相当肯定我会没事的。然后我看见远方的一只鹰向下俯冲捕捉猎物——真是不可思议的景象。它提醒我自己是脆弱的,于是我检查了自己的刀子装在什么地方,抓紧我的徒步杖,然后把我的音乐设备拿出来,用音乐转移对它们的注意力。当周围有这么多牦牛的时候,狼不会冒险去把人当猎物——但是当一个当地人告诉我不是这么回事的时候,我又怎么能确定呢?

地面仍然布满岩石,所以每一步都很费劲。有一条看家狗看到我之后开始跟着我,对着我叫,我冲它吼了回去,这让我摆脱了自己的坏情绪。不过当我偶然遇到其他人的时候,我总是会高兴起来。

有一天我正在爬一个陡坡,结果弄伤了我的小腿,于是我开始寻找扎帐篷的地方,此时两辆摩托车从我身后开了过来。摩托车上是两个西方人,皮耶特和曼迪,他们骑着摩托在欧洲和亚洲各地旅行。见到他们真是很大的惊喜,而且能够正常交谈的感觉太棒了。我们将帐篷扎在一起,在睡觉之前聊了很长时间的天。

我遭遇的第一场暴风雪并不十分猛烈,但很令人担心:视线数米之内都是白茫茫的一片,我看不到路向何处延伸,虽然我有一个指南针,但它会让我有些辨别不清方向,所以我必须保持警醒。不过随着我继续走下去,太阳又重新出来了,这让我的心情变好了一些,尤其是当晴朗的阳光将前方一条美丽山谷的景色展现在眼前时。

在大约第五天的时候,我将第一座山抛在身后,石头遍地的道路逐渐变成了沙子。除了风景,巨大的改变同样也发生在我自己的身上。我裹住自己的脸,抵御阳光和风沙。天气很热,我很喜欢阳光和眼下的时光,听着音乐而且时常停下来欣赏风景,补充水分。

此时我仍然处于蒙古境内算得上比较繁忙的路线上,这意味着每天会有两三辆汽车经过,有时候是来这里爬山的西方人,而当地人常常会出于好奇下车拍照,尝试拉一会儿我的拖车。一辆坐满了人的汽车停了下来,车上的人都不敢相信我已经从乌列盖走了那么远,这让我感觉很好。其中一个人送给我一个手镯,对我说如果我遇到麻烦,我应该握紧它,然后默念真主安拉的名字。

抵达科布多(Khovd)的那天令人心力交瘁,我明明可以看到远方的这座城市了,然而几个小时过去了,它似乎并没有离我更近一些。它是个小而美丽的地方,我在这里可以休整两天,积蓄能量并补充装备,而且当我穿过那座桥走进城镇的时候,风猛烈地刮了起来,我扭过头,看到了一场沙尘暴。我在科布多的联系人是言雅,她和她的家人都非常好客,给我上茶并叫我"英雄",但第一天晚上我住在一家客栈,方便我整理所有装备并好好睡上一觉。

我感觉棒极了,我的信心又回来了,期待着下一段路程。我能看到前方的路在这座城市之外爬上一座山丘,感到自己的精神状态已经完全准备好踏上征程了。当我在两天后离开时,言雅为我做了早饭,她母亲用手指蘸牛奶弹在拖车和我身上,祝我旅途平安,而她丈夫为我指了路。

我走得很快,鞭策自己最大程度地利用白天的时间,那天一共走了 50 公里,因为脚下是状况很好的柏油路面。那天晚上我将帐篷扎在某个建筑工地旁的一座蒙古包附近,希望它或许能帮我挡风,四周有很多喝醉了的人,他们不但朝我的包里看,还试图把我的拖车绑到一辆即将开走的公共汽车上。我必须对他们态度坚决,我走得太累了,需要吃东西然后好好休息。万幸的是公共汽车没有带走我的拖车而是带走了大部分醉汉,不过我还得对付一条不停狂吠的狗。或许我只能习惯在风中露宿。

另一天晚上,我计划在一小群蒙古包附近的草地上扎帐篷,但是当一位愤怒的祖母向我挥手之后,我最终只能被一群山羊团团围住,它们想偷吃我的食物,还想尝尝我的背带,我必须把它们赶开。

还有一天晚上,我在睡梦中被两个骑着摩托车靠近的少年惊醒了。当我拉开帐篷拉链和他们打招呼的时候,他们吓了一跳,摩托车都弄熄火了。

白天很长,阳光在早上把我叫醒,让我保持温暖一直到深夜。当我在路边小餐馆停下来吃东西的时候,我就指指别人正在吃的东西,希望拿给我的就是我在指的东西。

为了不让狼群近身,我计划点燃篝火,但却看不到任何可以得到木柴的树木,而采集动物粪便燃烧的做法似乎有些得不偿失,于是我只好尽量保持警醒,并牢牢记住我的刀子放在哪一个口袋。

有时候我连续两天都没有和任何人说话,这感觉真是孤独;我必须习惯这一点,这也是我给自己设下的挑战。碰见当地人总会让我的脸上出现大大的微笑。当我经过一些蒙古包,小心地留意那些看门狗时,两个人骑着摩托车追上了我。他们穿着鲜艳的长袍,长着宽阔、强壮的颧骨。他们给了我一包茶让我带着路上喝,还给了我一些烟草。

有一天,正当我欣赏晴朗的蓝色天空、鲜艳的绿色原野和远方的群山时,一群当地人走过来,在我的帐篷旁和我一起懒洋洋地坐着,想知道我在干什么。我的所有东西都放在外面,他们可以看到我有摄影装备、太阳能电池、卫星电话等等,但我并不担心——我一向对别人保持着恰当的尊重和信任。

当我问当地人离某个地方还有多远时,他们会给出自己的意见,但通常都错得很远,有时候会偏差20 或 30 公里。这很有趣,但有时候会让我沮丧。我只能祈祷自己问的下一个人会给出我想听到的答案。

在达尔维(Darvi)的一个汽车修理厂,我问有没有睡觉的地方。那个人只是笑了一下,但我站在那里茫然无措地看着他。长途穿越艰难地形和沙尘暴之后,我就那么弓腰驼背地站着,他意识到我是认真的,把我带到了一家小客栈。

我在那里遇到了三个非常有礼貌而且美貌惊人的姑娘,还有一个喝醉了的老人。当我把那封解释我是谁我在干什么的信递给他看时,他稍稍振作了一些。女士们为我端上茶，做了一顿非常不错的传统蒙古餐食，是一种很管饱的类似意大利面的菜肴，里面有肉、胡萝卜和土豆，我吃的时候她们在一旁看着我。她们是如此漂亮、干净，而我又脏又臭，满脸胡子已经开始变成淡黄色，嘴唇还流着血，这让我感到十倍的不自在。我想给她们饭钱，但她们不接受，说："你真好，不要钱。"

我的身体正在受到一些打击。我身上起了水疱，而我的嘴唇因为海拔、寒冷和风遭受了很不好的状况；它们变得干燥、开裂，还流起了血。有时候我会在早上直接用碗喝粥，当我将碗放下的时候，粥里会出现一丝血迹和脓液。我的嘴唇就这样疼了长达两周。有时候我会在夜里被疼醒。

经过达尔维不久，我在阿尔泰山脉环抱的一片美丽绿色原野中的一个小聚居点扎营露宿。我注意到有一座蒙古包的样式很特别，屋顶上有绳索向外延伸，绑在周围的大石头上，起到向下压住它的作用，而且屋顶上还有一块太阳能电池板为蒙古包供电。它有一扇木门，还有一个烟囱从屋顶冒出来，环绕毛毡的带子还被当做晾衣绳使用。当我在附近扎下我的帐篷时，人们跑过来和我打招呼，而且全都在周围坐了下来——他们对我的家非常惊奇，就像我惊奇于他们的家一样。

　　我们都尝试用手势交流,有时会在我的日记本上写写画画。时间过得很快,十点左右天开始变黑,他们四散而去,我也钻进了帐篷里。大约过了一个小时,我感觉帐篷松动了一下,就像是有人拔掉了一个固定桩。我叫了一声"嘿!"然后拉开拉链,看到有个人跑远了。我以为或许他只是来打个招呼,结果被我吓跑了,然后我确认了所有固定桩都没有问题,就回去睡觉了。第二天早上醒来,眼前是我此时已经熟悉的景象,阳光明亮地照射在鲜艳的绿色草地上,牛羊成群,远处的阿尔泰山映衬在深蓝色的天空下。我将所有装备打包——然后注意到我的太阳能电池板不见了。

　　我开始仔细回想,然后意识到当我将自己所有东西装进帐篷里时,我就没有看见它——他肯定是趁着我们都坐下来聊天的时候把它塞进了我的帐篷下面。它是我所有设备中的关键工具之一,我需要它给我的卫星电话充电,后者可以帮助我确定自己身在何处并追踪我的整条徒步路线。它还能给我的摄像机充电,而且作为得到摄影装备的报答,我已经承诺要自己拍摄整个探险过程了。所以它非常重要,我沮丧极了,而且现在我必须不那么信任别人了，真叫人失望。

幸运的是，在出发前两天，我曾经想过，要是太阳能电池板坏了可怎么办呢？于是我准备了一条备用电线，它可以让我使用摩托车电池或汽车电池给我的主电池充电，充满后足够我使用两个星期。这件事提醒我准备好应急计划是多么重要。

这次损失让我很心烦。但无论如何我必须摆脱这种情绪，继续上路。直到出现问题，挑战才算真正开始。事关成败的是你如何反应。我遇到了几个两天前见过的建筑工人，他们想联系警方帮助我。虽然并没有什么用，但我感激他们的努力，他们还说如果我能往前再走 40 公里，就可以住在他们的建筑工地上，给我的电子设备充满电，水壶里装满水，此时我更加感激了。

为了走完这段路程，我赶快上路了，匆匆忙忙之中差点踩到一条毒蛇。我到得很早，而且还洗了个澡。在极端环境下度过将近两周之后，有人供应热乎乎的食物，能够再次感觉自己是干净的，在一群人中间乐一乐，尽管我们并不能知道对方在说什么，这真是太棒了。我给他们看了我的国家和家人还有水肺潜水的照片，让他们很着迷。

我睡在一个蒙古包里，注意到它是多么暖和，而且隔绝了外面的多少噪音。美美地睡了一觉之后，我吃了一顿牦牛肉做成的丰盛早餐，肚子饱饱、精神振奋地出发了。我提醒自己邪不胜正，大多数人都是友好善良的。我给了他们一件带有我个人徽标的衬衫，我们还交换了联系方式，因为他们是从首都来的。遇到这些小伙子的经历真是令我士气大振。

我现在距离阿尔泰这座城市只剩下 250 公里了，我走上小路，两小时后，我看着鹰在高空追踪自己的猎物，享受着步行和我耳机里的音乐。就在这时，一场沙尘暴从我身后袭来，这是我有生以来遭遇的第一场沙尘暴。我还没反应过来就已经身处其中了——沙尘飞扬，噪音和黑暗一下子将我笼罩，沙子打在我的皮肤上，像虫子叮咬一样疼。我只戴着太阳镜，所以不得不闭上眼睛，凭感觉在包里摸索我的护目镜，戴上护目镜我才能把我的抓绒衣找出来。这感觉很恐怖但也令人兴奋。我戴上帽子，盖住全身所有的皮肤，因为除了高速飞行的沙子打在身上很疼之外，沙尘暴常常还会把小石头和卵石刮起来。我的嘴唇本来涂了凡士林，但现在沾满了沙子，而我什么也做不了，只能等待沙尘暴自己停下。我的朋友曼纽尔·胡贝尔在这种情况下一定会说，"你只能学会享受它了！"当周围的一切在大约 30 分钟之后平静下来时,我感到肾上腺素飙升,对于这次经历感到非常兴奋,准备继续上路。

我发现当我完全孤身一人走在漫长的路上时,对过去的思考让我保持前进,对眼下我正在做的事以及将来的思考有助于激励我的精神。我开始思考我的下一次探险;并不是以一种骄傲自满的方式,因为我仍然不能确定自己能否完成这一次探险,而是作为一种鼓舞自己持续前行的方式,因为如果我可以征服这次挑战,我就能够考虑下一个挑战了。

我开始注意到,最高的山丘上有一些码放整齐的岩石堆。一位当地人告诉我这是一种宗教传统,而且我应该在每个石头堆上放一块石头,然后祈祷或许愿。它们非常简朴,四周环绕着一圈木杆,不过仍然很美,让我不得不停下来拍一张照片。当进展顺利的时候,有时我会想放松一下享受这段旅程。我得停下脚步,卸下拖车,拿出摄影装备,支起三脚架,开始录像;然后重新拉起拖车向前走一段,让镜头捕捉下来;然后再放下拖车,跑回摄像机那里,把它收起来重新放到拖车里,重新拉上拖车,继续赶路……这个过程很折磨人,但重要的是记录这不同寻常的影像,这既是为了户外世界,也是为了我自己的回忆。

一群开着车经过的当地人在路边停下了,他们曾经在乌列盖附近见过我。他们给了我马肉和面包,说这是哈萨克民族食品。我立刻狼吞虎咽地把它们吃进了肚子,一只巨大的秃鹰在高空盘旋,投下一道身影,似乎是在等着吃我的剩饭。有一次在帐篷旁边吃晚饭的时候,我看到了远方的骆驼。地貌正在逐渐从山区变成沙漠。

我来到了极度荒僻之地:没有汽车,没有人,没有昆虫,没有一丝风的气息。我坐下来,听着四周极为微弱的噪音。

简雅曾对我世界上并不存在寂静这回事。我直到那一刻才理解他是什么意思。四周如此安静,如此平和,但我可以听到很轻的嗡嗡声。我花了大约十分钟试图弄清那是什么声音。然后我想:或许那只是我的身体运转的声音。

前往阿尔泰需要走一段艰难的上坡路,我必须将两根徒步杖倾斜着用力杵向地面,才能让我自己和拖车沿着山坡向上挪动。我像一个老人一样蜷缩着身子,拖车左摇右摆地摩擦我的大腿。我感到很热,大汗淋漓,必须喝尽可能多的水。

当我走到更高的地方,海拔 1500 米的时候,气温变得凉快了一些,而且我碰到了两头死骆驼,令人感觉相当恐怖。我不禁想着它们是怎么死的,要是我死在外面,人们是否也会像经过骆驼身边那样经过我的身边。这一天我走了漫长的 55 公里,终于抵达了这座城市,路上有汽车里的醉汉伸出手抓住我的拖车——他们是想帮我的忙,我不得不试图和他们交流,告诉他们我为什么不想要他们这么做。一直有汽车驾驶员停下来想和我说话,而我只想尽快赶到阿尔泰。就连建筑工地上那些小伙子也出现了,他们给我伏特加喝,但我只能谢绝,谢绝方式是把手指蘸一下酒,然后弹三次。

最终,我抵达了阿尔泰。我将会在这里为下一段路程储备物资,尽量让我的嘴唇和水疱痊愈,尽可能地多吃多喝。能休息一天真是让我高兴坏了。在过去的 17 天里,我经历了一场暴风雪和两场极端的沙尘暴,有人对我说我会被狼吃掉,我还几乎踩在一条蛇上,我的太阳能电池板被偷了,有牧民想把妻子送给我。我拖着车走过了一些能够想象的最糟糕的地形。而这才只是开始。

但我惊讶于自己的决心。我在阿尔泰度过了轻松的一天,等待我的衣服晾干,然后我就迫不及待地想要出发了。我总是有很大的动力去实现我热忱渴望的东西,但从未以这种方式测试过自己。我意识到自己已经准备好开足马力继续向前了,顺便看看我能够承受多少。我兴奋不已,很想看看接下来将要发生什么。

6

在戈壁沙漠中活下来

接下来，事情将会变得艰难许多。

离开阿尔泰之后，我向东南方向前行，以便走在土路上。柏油路面的高强度行走让我在徒步刚开始时小腿受的伤又复发了，不过走土路意味着提前进入戈壁沙漠。困难在于水源是不确定的，罗伯也不知道在接下来的 250 公里会不会有下一个水源，但我出发时带了 15 升的水，而且相信我一定能在沿途的聚居点补足饮水。在接下来的两周对饮水实行定额配给，这事实上会让我在自己注意不到的情况下逐渐脱水，这很危险。

我在如此漫长的道路上十分孤单。在阿尔泰山脉和戈壁沙漠中穿行的两个月里,我在荒野里扎帐篷睡觉。我曾经连续 8 天在路上走着,一个人都没有看到。

在这场探险的第 23 天,天气凉爽而多云。我的拖车使用的是很窄的防穿刺轮胎,它们陷进了柔软的沙子里。我只剩下很少的水,而距离下一个定居点还有 35 公里。我的脚疼痛难忍。脚跟上的水疱长得太大了,我不得不把它们刺破,然后将它们消毒包扎。我的装备里有徒步鞋的额外鞋底,它们起了一会儿作用,但此时我的脚跟感觉就像着了火而且还被图钉扎穿了一样。每一步踩下去,一阵颤栗的疼痛都会从脚底沿着脊柱向上,蹿到身体的内核。我只能用脚尖走路,然而这又会导致我的小腿变得僵硬起来。

有个人从对面走过并停了下来,看我有没有事。我挤出一个笑容,对他说我没事,然后他给了我一些香蕉干。他说我再继续向前走大约 2 公里就能找到一个有食物的地方,这激发了我的积极性。但是我走了两个小时却并没有看到这个地方。我猜他估计错了距离,我需要走的路比 2 公里长多了。

我仍然能看到阿尔泰山的美丽风景,只是我已经没有欣赏它的心情了。这是我在此前的所有探险中过得最痛苦的一天。一个牧民骑着摩托车朝我这边过来，全身裹得严严实实。他显然是喝醉了，突然从摩托车上摔了下来。当我走到他身边的时候，他指着自己的摩托车，想让我跟他一起把车扶起来。等我们把车扶起来之后，他问我借了个火抽烟，仍然左摇右晃。他的个子比我小，但是非常结实健壮——蒙古人在野外看上去都很强壮。他很友好，但我急于到达那个有食物和水的地方。此时我可以看到远方的蒙古包了，我大概需要步行一个半小时才能到达那里。我一瘸一拐地上路了。

最后我终于抵达了这个小聚居点，但我意识到我把自己逼得太狠了。我神智昏迷，这是热衰竭的症状。我必须休息。我丢下拖车，前往供应食物的地方。一群孩子涌到我身边。我喜爱他们的自由和幽默感，但我实在没有力气了，当他们一遍又一遍地重复我的名字和相同的问题时，我趴在桌子上，两只胳膊环抱住头。当地人看出我很痛苦，对孩子们说让我一个人待着；他们先给我端来了茶，然后是食物。我甚至无力思考怎么把拖车拉走找个地方扎营，更别提以后几个月的旅程了。我用手势询问女服务员这个聚居点有没有可以投宿的地方。她去和她的朋友说了几句话。当她回来的时候，她说我可以住在她的房间,就在这栋建筑的另一侧,我对她真是感激不尽。

第二天站起来的时候,我本以为会感受到疼痛,结果惊讶地发现感觉很好,睡眠在身体上和精神上都让我恢复了很多。兴高采烈之下,我给了女服务员 20000 图格里克,相当于大约 7 英镑。我启程穿越严酷但美丽的地貌,感觉兴奋极了,重新找回状态让我欣喜万分。我又学到了一课:大量喝水,不要着急,别把自己逼得太狠。

住在那个聚居点的晚上,我的手机有了信号并接到了简雅打来的电话。他说乌兰巴托的人们如今都在关注我穿越蒙古的进展,这让我感到高兴。

"他们还给你起了个外号呢!"

"呃,好吧,是什么?!"

"孤独的雪豹。"

我立刻就爱上了这个绰号,但我想知道为什么。我在想这个名字是不是和"独狼"差不多。

"因为狼群一直保持着距离,没有攻击你。"

这是个很棒的绰号——但与此同时稍微有些令人担心,因为我禁不住想,我没有被狼攻击,但恐怕只是"还没有"。不过这个绰号仍然为前方的旅程带来了更多激励。简雅说,雪豹是唯一独行的野兽。

山丘在前方连绵起伏,道路蜿蜒曲折。地形崎岖难行,到处都是柔软的沙子和碎石,而我一直担心着过河时的状况。来到蒙古前我在苏格兰做了一次测试,我的拖车在那里散了架。我终止了那次令人士气低落的测试,回去之后把拖车改造得更结实了。但是如果在这里出了什么问题,我没有后援,除了过河之外没有其他路可走。当我走到下一条河边时,发现它很宽不过也很浅,水流的力量不是很大。有一些驾驶员在河边洗他们的汽车,而我在涉水而过的同时迅速洗了洗自己的身体。

我本来期望能遇到比较温暖的天气,享受阳光洒在脸上的感觉,但在接下来的一周左右,天气变幻无常,雹暴、暴雨和沙尘暴轮番上演。我皲裂的嘴唇在风中火烧火燎地疼。短短 20 分钟之内,气温就能从 20℃ 降到冰点之下。看到暴风雨好像一头庞大的野兽从远方慢慢朝我袭来,这感觉真是太可怕了:浓重的乌云铺天盖地地压下来,目力所及之处除了一望无际的平缓沙漠什么都没有,我根本无处躲藏。有时候我会看见一道长长的闪电直接劈在前方的地面上。我感到非常脆弱,尤其是因为我的拖车是金属材质的;如果在晚上听到暴风雨靠近的声音,那就更糟了。有一天晚上,我被自己经历过的最糟糕的暴风雨袭击了，风大得很，我缩成一团坐在帐篷里——帐篷和我的拖车绑在一起，我必须紧紧抓住杆子，因为风把帐篷吹起来了，打进地里的固定桩都被拔了出来。

有时候我很幸运，暴风雨会在我步行时从我身边经过。有时候我会被雨浇透，让我凉快一下，然后太阳会把我身上晒干。我大声唱歌给自己听，劲头十足，为这样的经历感到十分兴奋。有时候我会遇到当地人，他们骑着健康的矮马，穿着用一根鲜艳腰带系起来的传统长袍，戴着一顶有黑色窄边的帽子。开车路过的人偶尔会停下车和我聊天。有个人说他曾经登上过珠穆朗玛峰的顶端，但他绝不会尝试步行穿越蒙古，因为路途实在是太遥远了。这番话让我感觉好极了。

我对自己说：重要的不是你能付出多少，而是你能在坚持向前的时候承受多少。无论发生了什么，无论你变得多么低落和消极，你都必须咬牙坚持，持续向前。完成它的决心和毅力将指引你获得最后的成功。

地面平缓坚硬，遍布岩石，天空蔚蓝清澈，十分明亮：一片广袤、开阔的风景。我在京斯特（Jinst）停下了脚步，这里只有一些小屋和蒙古包、两三个银行和一家看起来很新的客栈,它有一个红色的金属屋顶,屋子前面是一个商店。那天晚上下了一场冰雹,我舒舒服服地躺在床上听着冰雹砸下来的声音,我吃得太饱睡不着,我差不多把他们的所有补给都吃了。在我离开之前,当地人确保我从水井里取了足够的水。他们非常好客,这让我对自己的离开感到伤感。我继续上路,一个方向是清晰地映在地平线上的山脊,另一个方向是连绵不断的沙丘。

不幸的是,京斯特的银行都是当地的小型银行,没办法让我用银行卡。我不知怎地算错了自己应该随身携带的钱,身上已经没有任何现金可以在沿途购买食物了。我的零食已经吃完,每天只能依靠两个口粮包,它们的总热量是 1600 大卡——比我在家训练时吃得还少,更别说拉着沉重的拖车走一整天了。我在大约早上 6 点起床做早饭,然后徒步 12 或14 个小时,接下来才能吃第二顿饭,所以如果我在烧水的时候风把沙子刮进了水壶,我就会非常生气。我注意到自己的体重正在迅速下降。我基本上是在让自己挨饿。

我不能用太多水做饭,因为我还要喝这些水。身处戈壁沙漠,我必须保持专注和警惕,确保自己全程都有足够的水。我充分利用了沿途穿过的任何一条河流,用带有内置过滤器的瓶子装满河水。有一次,一些当地人停了下来——他们衣着体面,两男一女,开着一辆卡车——虽然我们无法理解彼此的语言,但他们给了我饮料和饼干,那味道就像天赐甘露。他们是如此亲切和善解人意,成就了我快乐的一天。

有一天,我兴奋地看到一长队骆驼从我旁边走过,穿越了这片零星点缀着簇簇荒草的空旷、干燥的土地;它们是双峰驼,有厚厚的蓬松的毛,和中亚地区的骆驼很不一样。这里的天气是炎热气温和雹暴的结合体,但我逐渐开始理解这种天气模式并做好了准备。

我必须小心谨慎地沿着正确的道路向前走;这事关生死,因为这条道路将指引我来到下一个水源地——它是我的生命线,然而说起来容易做起来难。我总是一次又一次地迷路,因为它有时会分叉,指向五六个不同的方向。真不知道当地人是如何做到的。我曾经沿着一条岔路走了 20 公里,最后不得不原路返回。我的进展仍然很不错,但是脱水、饥饿以及认清道路的艰难开始同时从精神和身体上削弱我。我用网状面料盖住自己的脸,挡住苍蝇和蚊子的侵扰。

就里程而言,古沁乌苏(Guchin-Us)是全程的中点。当我抵达那里,就已经贯穿了蒙古的一半国土了。这个想法激励了我,让我快速前行,路上时不时被狗撵,有时还会有好奇的马走近我。那天晚上,我被领进了某人的蒙古包,里面的小女孩冲着我咯咯笑——我不介意,因为我知道自己看起来像个野人,而且他们也让我发笑,这很好,有助于缓解紧张。在我向年纪较大的男人解释说我没有钱支付食物或住宿后,女孩们还问我她们是否可以为我祈祷;遗憾的是,虽然这是很好的举动,但我感觉有些尴尬,当她们坐下来默念祷词的时候,我必须尽力控制自己,不让自己笑出声,憋得我双眼噙满泪水。

但是从这里开始,我必须更严格地控制自己的口粮了。抵达拥有自动取款机的城市可能需要好几周。我清点了一下,每小时可以吃 5 粒咸花生作为零食,我想把每天的口粮包从 2 个变成 3 个,但我不敢冒断粮的风险。我太饿了,当我走向一个蒙古包时,他们邀请我进来,给了我三碗酸奶。但是根据第二天早上的情况来看,这似乎是个坏主意。我从帐篷里赤身裸体地冲出来上厕所,严重的腹泻。我只能嘲笑自己(尤其是还有野骆驼看着我),但是腹泻加重了我的脱水。

脱水状态持续了两到三周,而我对此茫然不知。它是不知不觉地潜伏到我身上的,而我渐渐进入了热衰竭的状态。当我拖着钢底板拖车在沙地里穿行的时候,它沉重得就像一大块混凝土;简直一点儿也拽不动它。

在远征的第 42 天,我醒过来之后感觉更糟糕了,头痛得厉害,而且全身上下都很疼。我的器官都在痛苦地渴望着补给。才刚刚走了 10 分钟,我已经大汗淋漓了。我的每个部分都在疼痛,我还损失了很多体重。我知道自己必须坚持到下一个聚居点,但愿在那里可以得到一些新鲜的水和食物,然后好好休息。于是我继续向前走。但这几乎不可能。我花了 5 分钟才走了 100 米,然后不得不休息。气温高达 40℃,没有一丝风。因为没有任何自然遮阴,我在自己的拖车下面躲避灼热的阳光。我的腿从下面伸出来,感觉好像要融化了。在我虚弱的状态下,碎石和石头像钉子一样扎进我的背里。我强迫自己喝下一点水,虽然它现在已经变得温热而且味道糟透了。

我突然意识到,这会是他们口中不可能的论断应验的那天:我的探险会在这一天失败。如果我不从拖车下面钻出来,我很可能会死在戈壁沙漠里。

对于任何后备计划来说，现在都太晚了，就算打急救电话，救援也不可能及时赶来。我必须站起来继续往前走。我的唯一选择是走到那个聚居点。我想活着。但这感觉太难了。

我需要将这个问题分解成可控制的步骤和目标，将我的思绪带回到那张思维导图上。如果我能走到四日步行距离之外的德勒格尔杭爱（Delgerkhangai），我就安全了。我需要某个让我可以实现不可能的东西。我回忆起了雷普利的那句话："不可思议的是，无论发生什么都能继续走下去的能力。"

在神智半昏迷的状态下，我试图在头脑中将"不可思议"想象成一个人或一件事物，好让自己受到鼓舞，去追随它。我将不可思议想象成一个会从拖车下面爬出来并给自己设定任务的人。不可思议是一个神，会把我从拖车下面拉出来。有时候我会点名召集决心和力量，让它们帮我抵达安全的境地；虽然现在看起来这颇为疯癫，但我就是这样活下来的。

几天之后，我看到远方有两个地图上没有的蒙古包，坐落在这一片荒郊僻壤。一步又一步，我几乎抬不起腿，双脚在石头上磕磕绊绊，终于走到了这个超小的定居点。他们看出我状态很不好并邀请我进来。我几乎瘫在了地板上。他们给了我水和牛奶。这是夫妻两人带着 4 个孩子，他们对我都很好奇，但他们看得出来我很痛苦。母亲在地上铺了毯子和一个枕头，用手势表示我应该睡一觉。他们把蒙古包的毛毡往上翻了一节，让微风吹到我的脸上，这有助于我很快睡着。当我醒来的时候，虽然仍旧疼痛但感觉好一些了。男主人问我今天是否想住下来，然后他们给了我牦牛肉和茶让我吃。我沉浸在和牧民一起生活的体验当中，孩子们在我身边玩耍，骆驼在外面弄出疯狂的声音。外面除了这些骆驼，目力所及之处什么也没有。

我准备睡觉，把自己包裹在－40℃保暖级别的睡袋里，穿着衣服，戴着一顶羊毛帽子，然而却仍然冷得浑身发抖。第二天醒来的时候，我感觉甚至更糟糕了，但我必须往前走。我感谢了这家人，然后就离开了。

道路仍然很艰难，阳光仍然很强烈，而我需要保持专注。抵达德勒格尔杭爱的最后这一天大概是全程最糟糕的，比之前的任何一天都痛苦两倍。我终于能看到前方的聚居点了，但它似乎永远都不会离我更近一些。它拥有我活下去所需的一切东西，但仍然只是挂在远方的地平线上，仿佛在嘲弄我。此时仍然在小口啜饮着温热的水，我梦想着冰凉的水和荫凉的地方。当我最终抵达那里的时候，发现它原来是个非常小的聚居点，但我得到了一个房间，而且这里还有出售水和食物的商店。这里的人很好客，乐意让我投宿。我感觉自己曾经如此靠近死亡，需要恰当的恢复。

在接下来的六天里，我都住在这儿。睡觉的时候我会做噩梦，梦见在自己在沙漠里游荡，什么都没带，甚至没有拉着我的拖车，就这样四处爬着找水。我能感到自己的体内正在变成尘土；我尖叫起来，然后下一刻就前往一家出售冰凉奶昔的商店，把一杯奶昔浇在自己身上。这些梦真是疯狂，我醒来时感觉又好又坏。好是因为我现在安全了；坏是因为我知道我必须再次走进沙漠。

我无法忍受在阳光下走到商店，所以我会等到晚上再过去，享用美味的当地牦牛肉，有时卷在饼里吃，有时包在馅饼或饺子里吃。我喝了很多水，因为这里买不到水果或蔬菜等健康食物，我就靠吃药片维持身体运转。我头昏脑涨，因为持续不断的噩梦根本睡不好，忽热忽冷，爬起来撒尿——尿液是深橙色的。有一天，我看着镜子里的自己。我看上去很痛苦，但我对自己说：

"拿出点样子来,你这样要完蛋了——赶紧振作起来。"

不是什么豪言壮语,但它起作用了。我需要让我的精神和身体相信我会很快离开这里。我开始准备自己的工具,洗衣服和整理装备。我好好洗了个澡,换上干净的衣服。有一家商店重新开门了,而且出售苹果和马鲛鱼,我开始狂吃这些好东西。食物是最好的药。我对自己说我会恢复的,只是不能操之过急,要一天天地好起来。

这个意外有些打击了我的信心。如果我没有找到这个聚居点,我能撑下来么? 这让我担心。手机在这里有信号,于是我和父母打了电话;他们很担心,我妈做了一下研究,发现热衰竭的恢复时间要快得多,我很可能是到了快要中暑的边缘。但我现在正在恢复。

我还和罗伯通了话,他在网络视频电话上给我录像,让我的社交网站粉丝能够了解我的最新动向。他问我的一个问题是:"你想过放弃么?"

事实是这一切让我更加坚定了。没错,我变得更加紧张不安,但我也更专注了。在我来到蒙古之前,我就知道这有可能发生,我知道这次探险涉及的风险;我不知道的是如果发生了这种情况我会做出怎样的反应。我不知道我的个人极限是什么。我不认为我会放弃或者呼救，但直到这一切发生在我身上之前，我都无法肯定。当我听到自己对罗伯的回答，我知道无论什么挡在我的路上，我都下定决心不放弃，不停止，直到我穿过终点线。

当地人把我照料得很好，和他们相处了一个星期之后，动身离开真是一件艰难的事。独自一人回到极端条件之下，我对此感到紧张不安起来；现在我很害怕太阳和它可以在短时间内造成的伤害。此前在路线上犯了错误之后，这次我决定慢慢来。我必须适应这次旅行的气候条件。我感觉自己更有经验了，仿佛从中学到了必不可少的一课。然而我回到了同一个破旧的睡袋，同一个破旧的帐篷，从同一个破旧的塑料袋里吃东西。我真切地感受到了深深的孤独。很难重新找回积极性。

白天很长，时间似乎过得非常慢。有一天，我沿着一条沙子路爬上一座山丘，走了很长时间，苍蝇不停地落在我的脸上。我每过 10 秒钟就试图用手把它们打走，这浪费了我太多精力，让我心力交瘁，然后我发起火来。通常状况下，这有助于让我对自己付之一笑，但这次我笑不出来。

但是情况在逐渐变好，路面坚硬了起来，所以拉拖车变轻松了，最棒的是距离曼达尔戈壁（Mandalgovi）只剩下一天了。在出发之前我就说过，如果我到了那里，我就只剩下 500 英里了，可以说是最后一段路程——虽然这是我的家乡威尔士长度的两倍！在第 54 天，我抵达曼达尔戈壁，这是个良好的里程碑。但远不止于此，当我抵达它附近的一个聚居点时，我就会打破单人无支持穿越蒙古的前世界纪录：1012 英里。

有时仍然会感觉所有事情都在针对我。我甚至吃完了自己最喜欢的口粮包，咖喱鸡肉香料饼，晚饭只能吃草莓麦片粥！然后当我继续向前的时候，我注意到天气开始变得更凉爽。经历了几周的严酷高温之后，天空中的云让人感觉置身天堂。灰棕色的沙土逐渐变成了鲜黄色的草地，真是令人欣喜。一道彩虹挂在天边，下面是一片河漫滩。我正在离开身后的沙漠，进入大草原。

蒙古大草原也是一片没有树木的空旷地带，但金绿色的草振奋了我的精神，重新激励了我。走到这里对我来说真是巨大的宽慰。我的终点是位于蒙古东北角的乔巴山（Choybalsan），靠近中国与俄罗斯接壤的地方，很快我距离那里就只有 320 英里了。我可以看到鹰在远方捕猎，远方还有羚羊跳过高高的草。

一天晚上，我从帐篷里钻出来找水喝。外面漆黑一片，我抬起头，看到璀璨的银河和天上的群星围绕着我。然后正当我准备转身回到帐篷里时，我看到了远处有光微微闪烁。我一动不动地站在那里，脑海一片眩晕：那座城市是我的终点。

蒙古的这个地区拥有较多人口，当地人经常停在我身边拍照，或者问我在干什么。有时候他们会邀请我和他们一起分享午餐。感觉自己已经接近终点，不过我必须保持警觉。这里有雷暴和闪电，蚊子也很猖狂，而且我还得小心毒蛇——我差点踩在一条大蝮蛇的背上。但步行本身并不太困难，我沿着一条河行走，所以不用在拖车上装沉重的水。这段至少200英里的路程非常特别，将永远萦绕在我的记忆中。我感到非常平静，全神贯注地品味着当下的时刻。

历经78天，我抵达了蒙古最东边的城市乔巴山，成为了有记录的单人无支持徒步横贯这个国家的第一人。有意思的是，我注意到在走过1500英里后，我的两根徒步杖的末端都被磨短了几乎一英尺。我还穿坏了两双徒步鞋和一双洞洞鞋。但我全须全尾地完成了这段旅程。

有些晚上我睡在蒙古包里，还在城镇睡了 8 到 10 个晚上，但其他时候都孤身一人睡在野外。突然之间，看上去仍然像个野人并且留着一大把红胡子的我出现在了电视屏幕上。

"祝贺你——你完成了一项世界首次。感觉如何?"新闻播音员问道。荧幕下方的字幕上写着"蒙古世界首次"。

"我仍然感觉非常不真实。"我答道，脸上挂着大大的笑容。

当我走到荒野中时，我不确定自己将如何应对孤身一人的状况，如何面对所有身体上的挑战。它会让你意识到，作为个体的我们拥有多么强大的能力。蒙古竟然是这样一个超凡脱俗的国家，拥有令人叹为观止的美。令我铭记不忘的是一路上碰到的蒙古人都极为好客，总是给予，总是想要帮助——一群非常温暖热情的人。我有许多次被邀请进入蒙古包，这样的经历将永远铭记在我心上。

"接下来的挑战是什么呢?"新闻播音员在采访的最后问道。

"接下来的挑战……遗憾的是我还不能透露，但已经在准备当中了——而且绝对是个大挑战。"

我从一开始就知道，对我的未来而言，这场探险是涉及成败的关键。它的成功以及大型全球性媒体对它的报道打开了其他机会的大门，而我希望它能让我继续追求自己的这份热情：游历我所知甚少的国家，体验当地的生活方式，挑战我自己，但同时也和户外世界的其他人分享我在这些国家的故事。

于是当我在 2014 年 8 月返回英国之后，我没有多少时间坐下来放松休息，在小酒馆和朋友们讲述旅行故事，一直讲到他们心烦。我已经在期待下一次冒险了，当然了，与此同时我在接下来的几个月里也很忙。我在英国各地的剧院巡回演讲，讲述我的探险；组织方是先锋演讲（Speakers from the Edge），这些活动帮助我筹集了一些生活费。我还通过其他方式挣到了我在英国的生活开支，包括在探索频道（Discovery Channel）《每日星球》（*Daily Planet*）栏目播放的一部简短纪录片中出镜，这个纪录片在北美和南美发行，后来卖到了加拿大乃至全世界；我还上了第 5 频道（Channel 5）的《恐怖天气：无处可逃》（*Weather Terror：No Escape*）栏目。再加上被邀请前往唐宁街 10 号面见首相，以及通过大众投票获得国家年度探险家奖，所有这些都有助于为我为下一次探险做宣传。获得年度探险家奖时，我正在深入筹划下一场远征，英国的国家媒体很希望为我宣布这个计划。但我需要找到赞助才能成行。

在所有这些公开宣传的造势下，我本来希望寻找赞助的过程会更容易一些，但是仍然很困难。当我宣布下一次探险的消息时，我仍然没有筹集到足够多的钱。

不过在此刻，我已经完成了自己出发时的目标。如果我没有做出发之前的每一件事，我不知道自己是否能完成单人无支持穿越蒙古，这些事让我积累了徒步习惯和经验，造就了帮助我活下来的强大力量。倔强的性格也帮助了我。我不想回来的时候，人们拍着我的肩膀说，"至少你尽力了。"我必须做到，因为我告诉了所有人。我知道自己面临的挑战可能会将我击倒，但我相信重点在于你如何面对所有事情。面对艰难时刻，是积极应对还是消极逃避，一切都取决于我自己。这就是造就成功和遭遇失败的差别。只有你发热的时候，你才会发光。人生就该勇往直前。

很多人曾对我说这场探险是不可能的，但是别人看不到你的能力，这并不重要，重要的是你要看到自己的能力。你必须在身体行动之前先在精神上相信自己能够做到。所以我必须相信下一场远征真的会发生，继续制订我的计划。

第三部分：纵贯马达加斯加

我穿越马达加斯加的路线

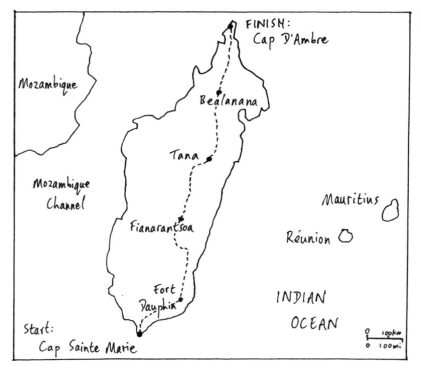

7

圣玛丽角：另一片沙漠，
以及内乱的消息

　　我站在圣玛丽角，这里是马达加斯加的最南端，印度洋与莫桑比克海峡（Mozambique Channel）的交汇处。风从海面上吹过来，是一阵阵凉爽、泛着咸味的微风。我即将踏上另一段从未有人完成过的旅程：步行纵贯马达加斯加——在 5 个月里徒步大约 1600 英里。我的目标是登上 8 座最高的山峰，进入最茂密的丛林，穿越全世界第四大岛的腹地。

　　2014 年还在蒙古的时候，我就在思考接下来去哪里的问题了；这次旅程激发了我的积极性，让我持续向前。我在沿途遇到的蒙古人非常好客，这让我想要再次穿越一个国家,我可以在那里不停地遇到当地人,了解他们,了解他们的生活方式,看看他们是如何在那些环境极端且常常十分偏僻的地方生活的。马达加斯加在 2015 年的人口约为 2400 万,比蒙古多 2000 万,而面积只有蒙古的三分之一,所以我遇到当地人的次数会频繁得多。马达加斯加百分之八十的动植物是世界上其他地方都找不到的,我知道这一定会是一场与众不同的经历。我找到了一位后勤经理,他名叫吉勒斯·戈蒂埃,是 Madamax 公司的创始人,在过去 30 年的时间里率领包括《国家地理》在内的各种户外团队游历马达加斯加。他向我描述了位于中部以东、几乎纵贯全岛的连绵山脉。

"它仿佛在邀请你去徒步,"他说,还补充道没有证据表明曾有人沿着高地内陆徒步穿越过马达加斯加。这让我兴奋了起来。驱动我前行的是探索未知土地的欲望,以及逼迫自己行动的需要。据吉勒斯说,内陆有些地段根本没有路,我只能在丛林中披荆斩棘地穿行。

我先进行了一次考察旅行,熟悉了一下我要面对的情况。在丛林中砍出一条道路是非常艰难的事情。你不可能走得太快,而且还必须小心谨慎,当心蛇和蜘蛛。有些地方一个人都没有。"马达加斯加人从不去大山里,"吉勒斯说,"他们会冻死的!"我看得出来,在这些山峰中寻找一条好的路线是很难的;有些山完全就像是角锥体状的陡峭岩石。这不是步行,而将会是手脚并用的攀爬。

回到英国时,我在后花园和车库里每天训练三个小时;在沙袋上练习泰拳;给拖拉机轮胎翻面,用大锤击打轮胎,以锻炼我的核心力量,此外还有很多自负重训练,因为我相信这种训练可以提升一切——力量、柔韧性、敏捷、平衡、协调、速度和能量。这些锻炼非常累人,但是通过身体训练,我同时也得到了精神上的锻炼。寒冷和下雨的早上让我特别缺乏积极性。但越在这时,我就越要尽力保持自律,投身到练习中去。

直到出发前 4 周,我才筹集到了让这一切实现所必需的资金。我的赞助方是我生活的康威郡(Conwy)以及几家愿意就这次旅行与我合作的公司。在这些人的慷慨解囊之下,我为这场远征一共筹集到了 9000 英镑,终于可以出发了。假如将机票(先飞往马达加斯加,然后坐当地国内航班飞往南方)、保险、签证、疫苗、装备、向导和在那里四个月的生活费用全都考虑在内,这笔钱其实并不算多。我必须自筹剩下的钱，但这已经是很大的激励了，我只是必须在旅途中小心谨慎地花钱。

2015年9月4日，我从家出发了：先坐两三个小时的飞机抵达巴黎，然后乘坐10.5小时的直飞航班抵达马达加斯加的首都塔那那利佛（Antananarivo）。直到坐在飞机上的最后一个小时，我才意识到我对这场远征考虑得不多。是否只是我正在逐渐习惯乘坐飞机去偏远的地方？还是我故意忽略自己的情绪，以免为前方的痛苦忧虑？不过我仍然十分乐观，期盼着开始行动起来。我的状态好极了，感觉精力十足并渴望出发。这是个美丽的国家，我感觉准备好了。

我相信我们都与生俱来地拥有两样东西：根和翅膀。根让你知道你从哪里来，翅膀让你可以飞到世界的不同地方。不去探索我们生活的这个世界，未免太可惜了。在接下来的几个月里，我将投身到马达加斯加人的世界，而且我必须适应小型社群的生活节奏，那里的人们只能从土地中得到非常有限的资源并藉此维生。吉勒斯曾经对我说，当我穿越这个国家时，会感受到文化的变化，而且它们和我此前经历过的任何文化都不同。沿海部落来自非洲，而岛屿内陆部落则源自亚洲。马达加斯加人说，马达加斯加曾经与印度和非洲相连,两块大陆的分裂产生了马达加斯加岛。我将会从草地和热带草原走进热带雨林和热带季雨林。一切都会不断地变化。

马达加斯加首都的主要机场大小正好容纳一架飞机——他们没办法同时安排两个航班,因为机场太小了。我会在几天之后重新回到这里,飞向这座岛屿南方的一座城市,然后从那里驱车前往最南端。与此同时,一位政府官员帮忙搞定了一份邀请函,给了我五个半月完成这次远征。

当我们去给签证盖章时,我的计划让他们感到十分震惊,然后给了我六个半月的签证有效期,留出了"你可能生病或受伤的时间"。我已经将这些情况考虑在内了,不过多出整整一个月的时间真的是太棒了,这帮我减轻了一些压力。在安排这次探险时,我选择在凉爽干燥的季节出发,但这段时间天黑得也早——六点半就已经黑透了;一开始的时候白天比较短,可以步行的时间不多,但现在有了六个半月的签证有效期,我不用太着急赶路了。

我还计划在旅途中安排一名当地向导。我仍然会自己解决补给,但是既然我在马达加斯加遇到当地人的频率比在蒙古高得多,如果无法了解他们的故事并和他们交流的话,似乎太可惜了。拥有一名翻译可以帮助我理解这里的人，和户外世界分享这里的故事。我不会全程都用同一名向导的——不同的向导会跟着我走不同的路段。如果是单人穿越这些山脉，旅途将会严酷得多，所以我感激他们的帮助，而且更乐意在面对各种挑战时有一名当地人陪在身旁。

我开始寻找一张当地的 SIM 电话卡，让我可以带到野外并使用 3G 信号，因为即便在马达加斯加最偏僻的一些地方也仍然有很不错的网络连接。我会抓住任何机会在网上更新自己的状态，让家里和全世界任何地方的人都知道我的最新进展。

抵达马达加斯加的第一天是繁忙的一天，不过我们搞定了很多事情，于是我和向导之一乔一起喝了杯啤酒，吃了顿牛排。餐厅是个小棚屋——入口只用一扇珠帘遮着，要是我自己肯定发现不了这个地方，不过餐厅很不错。我回到自己的房间，对这一天感到满意；然后突然停电了，正合我意，我躺下来美美地睡了一晚。

第二天一早，吉勒斯发来一封邮件，说南方刚刚经历了一场骚乱，偷牛贼（或者说土匪）和军队之间发生了冲突。骚乱导致数人死亡，有军事人员受伤，现在那里是一个相当可怕的地方。当然，那正是我要去的地方。我和乔一起仔细研究了一下地图。我基本上会径直走进冲突地区，就坐落在多凡堡(Fort-Dauphin)的北边。不过我会从更往南的圣玛丽角出发，向北走大约两周才会进入这个地区，但愿那时候骚乱已经平息下去了。如果可能的话，我不想改变自己计划好的路线。

我们来到了塔那那利佛海拔 1200 米以上的最高点；下面曾经是森林、湖泊、茂盛的草地，但这座城市的扩张让森林消失，湖泊也遭受了污染。然后我参加了媒体见面会，还遇到了来自狐猴保护网络组织(Lemur Conservation Network)的乔纳。我希望在向北返回旅程终点时再次见到他，去寻找一种狐猴，那是全世界最珍稀的灵长类动物之一。它是马达加斯加的本土物种，只剩下 50 只左右。如果森林采伐和捕猎继续下去的话，它们会在大约 20～25 年内灭绝。所以他在做着很重要的工作。

接下来我和一些人一起去喝啤酒，里面有男有女，我遇到一个来自南方的女孩，她说那是危险区域，她有亲戚曾在那里被枪杀。这显然让我很担心。我最不愿意出现的情况就是土匪用枪指着我了。对他们来说，我无足轻重，只不过是又一条人命罢了，而他们根本不在乎人命。或许最佳路线应该完全远离道路,在浓密的丛林和灌木中穿行,便于藏身。我将不会有太多机会找到食物,但我可以带上口粮包,只要沿途有水,或许我可以远离他们。这让我紧张不安。我必须保持警惕。

我在飞往南方的航班上断断续续地打盹儿。当我看向窗外时,下面的风景被云遮住了,不过也许这样正好,我就不必看到我将要应对的崎岖地貌了。在飞机上的 2、3 分钟相当于步行一整天。1 小时 45 分钟后,我抵达了坐落在东南沿海的多凡堡,在这里迎接我的是米,这位马达加斯加向导将与我一起徒步第一截路段。他看上去大约 18 岁,但其实已经 34 岁了。他有很好的幽默感,能与他同行感觉很棒。

米说他要回家睡几个小时,因为他刚刚驶过一段糟糕的道路,而且汽车出故障了。我以为他会精神振作地回来,准备好和我一起确定路上的饮水点,在地图上确定路线,打包装备并确保我们拥有足够的食物;我们需要确认每个人都带了些什么。然而,他不但迟到,而且完全喝醉了。他想去洗手,拧开水龙头之后却看不见水是从哪儿流出来的——他怎么会这么快就喝醉了?乔曾经警告我千万不要让米喝酒,现在我明白是为什么了。我让他现在回家,并告诉他在某个时间回来,但他并没有在那个时候出现。

我自己就是个相当懒散的人,但我仍然非常生气和失望。当你马上就要长途徒步而且至少走一周才能看到人类文明的下一处迹象时,你就不应该喝酒——酒精会让你脱水,而我们要徒步穿越一片沙漠。这是一场过于宏大的探险,不会有第二次机会。我必须向前推进,于是我给吉勒斯打电话,安排乔在一周后与我会合,这样我必须依赖米的时间就缩短到 7 天了。又一个不期而遇的问题——光是那场正在进行的小型战争就已经足够让我担心了。

第二天早上,米来晚了,不过我们吃了一些早餐。然后我去自动取款机取钱,希望它不要吞掉我的卡,这种事之前发生过一次——幸运的是一切顺利。和往常一样,我的预算依然很紧张;不过这会让事情变得更冒险和极端。不幸的是,我必须租一辆四轮驱动越野车一路开到圣玛丽角,这会花掉我 70万马达加斯加阿里亚里,大约相当于 120—140 英镑。这在我的预算里狠狠啃掉了一口,但这个价格还算公道,因为这段路程要花 8 个小时,司机必须住上一晚,第二天再把车开回去。

到了之后才发现圣玛丽角实际上是一座国家公园,而且正处于关闭状态。在许多谈话和协商之后,我必须花钱请一名保安、另一名向导并买一张门票才能在这座国家公园里北上徒步。拥有这么多旅伴似乎有些过分了，不过这只要花 3.2 万阿里亚里，几英镑而已，而且我别无选择。我们坐在车里行驶了最后的 12 公里来到海边。天色逐渐暗了下来，车里播放着欢快的马达加斯加传统音乐，车窗敞开着。我们停在一座灯塔旁，然后他们让我们住在两个空房间里。

黎明时分，我兴奋地检查供水情况，为穿越马达加斯加的第一天收拾行装。所有当地人都对我背包的大小啧啧称奇。

"重啊，真重！"

我知道。我这样想着。但是我拥有我需要的所有东西：两双鞋（厚重的徒步鞋和凉鞋）、口粮包、炉子、水、电子产品和充电器、一块太阳能电池板和衣服。这些东西加起来的确很重。

很快我就在眺望莫桑比克海峡和印度洋了。这里的正南方就是南极洲。北方是 1800 英里的丛林、沙漠、热带草原、热带季雨林、部落社群——谁知道还会有什么呢？我既紧张又兴奋。我们沿着一座陡峭的山坡向下走了一百米，弄得石头到处乱滚，终于走到了最下面，我和大海亲密接触了一下。然后我们就出发了。

这里没有路,只有将沙漠和海滩分开的沙丘,我们只是在沿着海岸线向前走。在沙子里走路很是艰难;天气也很热,而我仍然穿着长裤,想到要在接下来的几天沿着海滩继续向前走,身上穿的这件衬衫也突然变成了错误的选择。我感受到了帆布背包的重量——我已经在后悔带这么多东西了。但我喜爱这安静和空旷的感觉,还有美得惊人的海滩、鲜艳的沙子和汹涌的波浪。我们见到了在几个世纪前灭绝的庞大象鸟的蛋壳。每隔两三百米,我们都会遇到一个几乎全身赤裸的男人用一根长长的竹竿捕鱼,为的是给自己的家人带回食物。

当我们走出圣玛丽角之后,保安和另一名向导拐了回去,米和我继续上路。我们在 40℃ 的烈日下背着沉重的背包艰难跋涉了 1、2 个小时,太阳把我们晒得大汗淋漓,然后我们决定停下歇一口气,一下子瘫倒在了滚烫的沙子上。我正在看着一个渔夫用竹矛在水晶般清澈的浅滩海水中捕鱼,突然之间,一头座头鲸从远方的海上跃出了水面。"不可思议!"我对米说。他笑了。在第一天看到这幅景象似乎是个好兆头。

我们能看到前方似乎有个村子,但天色开始黑下来了。我的脚陷进沙子 2、3 英寸深,所以每一步都走得相当恼人，但我仍然兴致高昂。天已经黑透了，我们继续朝着远方亮起火光的方向前进。最终我们发现了一个相当小的社区。但当我支起帐篷时，我被这里的居民团团围住，一开始只有一家人，后来消息传遍了，从年幼的孩子到耄耋老人全都围了过来。他们对这个背着大包到处走的西方人非常好奇，光是坐在那儿看着他就觉得非常高兴。

这是个非常特别的时刻，但是我太累了。米用大米和面条煮了很不错的一顿饭。我们今天在沙子里走了大约 10 个小时，行程或许有 20 公里（13 或 14 英里）。当我回到多凡堡时，我需要减轻自己的负重，丢掉很多东西——我不可能像今天这样走完剩下的 120 天或更多天。在帐篷里，我完成了夜间标准程序：更换相机里的 SD 卡，记录音频日志，确保第二天的所有东西都准备妥当。

当我们在第二天早上七点左右收拾好行李准备出发的时候，天气很热，但我感觉自己休息得很好，而且当我们沿着这条不可思议的漫长海滩步行的时候，有一阵凉爽的风从海面吹过来。由于帆布背包的重量，我的脚总是陷进沙子里，走路变得很困难。但我本来就想要艰难的挑战！我们经常停下来，确保自己摄入足够的水，我的包总是从我的肩膀往下滑,于是我用腰部的带子将它紧紧地固定住——就像拧上螺丝一样紧,但是它开始摩擦我的身体。我只好放过我的臀部,重新将重量施加到肩膀上。开头的这几天令人痛苦,但我感觉自己正在一天天地变得强大。我发现对不同情况或地貌的适应是我的一项长处。

阳光倾泻下来,一艘立起风帆的传统马达加斯加渔船映入我们的眼帘。船上的渔民走上了岸,他们都很友好。有几个人哈哈大笑,个性爽朗,吵吵闹闹地喊:"英国人!"但是其他人和我握手,说"Salaam",这是他们的问候语。我们最终走到了一个村子,那里有七八座小屋和一个类似餐厅的地方,我们在那里吃了瘤牛牛排——瘤牛(zebu)是当地一种背上有峰的牛,遍布马达加斯加全国——还有米饭配西红柿和洋葱,最后用木瓜当甜点,实在是太美味了。能够放松一下我们僵硬、酸痛的肌肉,这真的很棒。我们又走了几公里,然后决定在天黑之前扎起帐篷,就在这时,我们非常惊讶地听到有人从一座沙丘的顶端冲我们叫喊。

不可思议的是,上面是一家人,一对夫妻和他们的三个孩子。他们住在一座沙丘顶端的一个小棚屋里,屋子四周环绕着仙人掌,起到了风障的作用。那里有一块大小刚好适合我们露营的沙地。这家人很好客也很友好，但不会给人莽撞之感。他们给了我们米饭和鱼肉吃。他们喝的水是从海里来的，经过沙子的过滤后渗到一口井里，所以水是咸的，但他们已经适应了这种极端条件的贫瘠生活方式。他们的生活围绕三件事展开：在海里捕鱼，在"公村"（这种地方可能有发电机提供电力，还有每周一次的市场）卖鱼换米，以及从井里取水。他们就靠这些最基础的口粮活着——大米、咸水、鱼，而且他们生活在沙丘上。这真是最质朴的生存了，能够近距离地亲身观察它也是一种不可思议的经历。

在这个偏僻的地区，人们通常很高兴见到我们，这附近的人很少。第二天晚上，我们在一片荒郊僻壤中发现了一个村庄，米去找治安官允许我们在这里露营，而我坐下来一边等他一边看着我们的背包。同样的情况再次发生了，我还没有注意到的时候，身边就围了一圈各个年龄段的马达加斯加人。对于比较年轻的一代，这或许是他们第一次看见白人。我们扎起了帐篷，然后当我点着自己的炉子的时候，这个在 78 天穿越蒙古的旅程中一直陪伴着我的炉子坏了。万幸的是我们可以回到村子里找来木柴生火做饭。此前跳过了午餐并且几乎 12 个小时没有吃过东西，现在面条的味道让人幸福极了。

我在婴儿的啼哭声和雨声中醒来。我们钻进一个小木屋里和当地人道别，"Valooma"，然后就又踏上了一天的征程。到晚上时又下起了倾盆大雨，于是我把帐篷扎在两棵猴面包树下面避雨，它们又有"倒栽树"（upside-down）之称。在当地的民间故事中，当这些树最初被创造出来的时候，它们被安置在一座湖边，于是它们可以看见自己的倒影，然后它们认为自己太丑了，于是它们向自己的造物主抱怨。造物主感到自己被深深地冒犯了，于是将它们连根拔起，上下颠倒之后重新塞进了土里。所以它的样子就像是树根长在了上面。

取水是我们这段行程最大的挑战。沿途基本上没有淡水，所以我们只能尽可能在背包里多装水，虽然这会让背包变得很沉。在最开始的这一周，我的身体习惯了背包的重量，米和我合作得很好。在一天漫长的跋涉之后，我们走到一座沙丘的顶端，找到了能够同时容下我们两顶帐篷的一小块地方。

这里是安坦德罗伊人（Antandroy）的土地，这个词在马达加斯加语中的意思是"多刺的人"或"荆棘之人"——也就是说，这里到处都是多刺的灌木和大型仙人掌。这是一片干旱的土地，生活非常艰难。

但愿雨季会为他们提供更多,但是在雨季会出现大型旋风,每年都会在这里造成数百人死亡。前方会出现更多绿地、更多森林、更多湿地,最终来到我的目标,群山。

当我们距离多凡堡还有一两天的路程时,我们走到了一条小路上,并遇到了更多村庄,所有人都住在仙人掌篱笆围绕的小屋里。当我们正从一座小山向下朝一条干河床走去时,我们看到远处有三个年轻人朝我们走来;看上去他们手上好像拿着一篮子洗好的衣服。他们突然看到了我们,然后他们抛下所有东西,飞快地顺着沙质河岸跑走了。我们大吃一惊,但后来了解到这里有土匪出没,有牲畜失踪的情况。有些土匪会掳走儿童。或许他们把我们当成了土匪,跑开是为了逃命。在下一个村庄,见到我们的人也逃走了。

浑身疼痛且疲倦地抵达一个村庄时,我们通常会期待一些好客之道,也许会有人帮我们弄来水和食物,让我们可以继续赶路。不幸的是,当我们抵达下一个地点时,有一个醉汉自称治安官,要求看我们的护照,要我们给钱和伏特加。每个人都紧紧地围在我们身边,甚至没有空间让我背上自己的帆布背包,他们试图卖给我们东西,把手伸出来要钱。与此同时,老人们对我们说有些人害怕白人会绑架他们并取走他们的器官。我们拿到我们需要的水之后就赶快离开了。

我们遇到的大多数人都真诚友好且好客,但因为他们常常处于极为绝望的境地,有时会想收我的钱,就因为我们在他们的土地上露营了。被当成自动取款机这件事真令人伤心,不过很显然我比他们更有钱。

在干河床的另一侧,我们遇到了一个当地人,他开始用马达加斯加语和米说话。他身材瘦高,穿着一件过于宽大的白色阿迪达斯外套,戴着一顶爷爷辈儿才戴的平顶帽。他一句英语也没有说,米说他愿意让我们在他的土地上露营,离这里只有几公里,那里有几座小屋,没有小孩,所以我就不用在凌晨 4 点听到婴儿的啼哭或者公鸡打鸣——我已经开始对此产生阴影了。我们同意了,开始和他一起走。我总是感觉他看上去有些阴险狡诈,这种感觉挥之不去,尽管我也说不上来是为什么——他的脸不知为什么总会让我想起蝙蝠侠电影里的小丑。途中米停下来拔掉扎在脚里的一根刺,而我继续先向前走,那个人从后面赶上来,斜着看了我一眼,把我吓得够呛,然后他遮住自己的嘴,用英语低声说,"给我你的钱。"

我置之不理，但现在一点儿也不信任他了。我们来到了他的小屋，它们根本不是他承诺的样子。于是我们就离开了，继续往前走。幸运的是没走多远我们就遇到了另一个人，他说我们可以睡在他的土地上，不收钱。那是一个废弃的屋子，位于一座美丽的湖泊边上，坐落在一片种植场的下面，我们可以在那里安安静静地休息。

当我们将沙漠抛在身后，风景骤然改变了样貌：我们翻过一座小山，眼前突然成了一派郁郁葱葱的景象，山上出现了更多森林。我们见到了更多野生动物——我看到一只狐猴、一条蛇和一只变色龙。

我们此时来到了森林之人生活的地区，他们说的是一种不同的方言——马达加斯加一共有 18 种不同的方言，对应不同的地貌。"多刺"方言让米很是头疼，但森林方言对他来说就容易理解得多了。不过水源状况仍然很差。我们遇到一个泥水坑，汽车和自行车从其中驶过，还有牛在里面喝水。令我们震惊的是，我们看到当地人用罐子和桶在里面打水喝。当地人在旱季就是如此绝望。有个人从一个瓶子里给了我们一些水；我们接受了，我试图将它过滤一下，但它尝起来还是一股土味儿。

在距离多凡堡不远的一个大村子,我们在餐厅享用了瘤牛肉和米饭,还喝了可口可乐;一或两个小时后,我们又回到了同一个地方,吃了鸡肉和米饭,喝了一杯茶,找到一个可以住宿的小屋,价格大约是3英镑。这省去了扎营的麻烦,所以第二天早上我们可以出发得很早,起床之后就能直接开始走。这一天要走漫长的 21 英里,不过是在一条笔直的路上。

我们在凌晨 5 点醒来,趁着天还凉快出发了。太阳慢慢从远方的山上冒了出来,天气很快就会变热,但我们只管奋力向前,走啊走啊,把该走的路程走完。我们停下来吃早餐,吃的是一种类似甜甜圈的食物,小面包卷外面裹着一层糖,搭配的茶饮只是热水加糖而已——相当不健康,但它给了我们继续前行的能量。

在这一天的步行中,沿途的景色很美——我们在山谷、群山和稻田中穿行。色彩是如此明亮——绿色是生机勃勃的翡翠绿,蓝色的天空令人目眩。人们在稻田中劳作的景象让我想起越南。我回想了过去的八天;感觉很好,原生态地探索,没有摄影队员,没有支持队员。只有米,一个当地马达加斯加人。身处野外,什么都没有……这正是我到这里追求的东西。

最后两三英里真是要命。我们停下来处理了脚上的水疱，每一步踩下去都很疼；但是我们终于抵达了多凡堡。我找到了一个便宜的酒店房间，计划在这里休息三天。历经一个多星期的沙漠和海洋，重新回到有交通噪音和人群的世界，这种感觉很奇怪。我见到了生态环保人士和我的第二个向导，还把我不需要的东西寄回了塔那那利佛。

8

从多凡堡到萨拉索阿：
鳄鱼，瘟疫和一名佩枪的男子

　　土匪和军队之间爆发了更多枪击事件，有士兵身亡和受伤。土匪藏在灌木丛里，军队搜寻土匪，而我们不想夹在两方之间。在来到多凡堡的路上，乔听说有两名司机被射杀了，所以下一个区域非常危险。我不能走任何现成道路，只能在丛林中穿行，好把自己隐藏起来。

　　乔在等我安排行程，但是米现在说他现在很想加入我们接下来 30 天的旅程，要他干什么都愿意。在第一天的醉酒事故后，他一直表现得很好，而且我们在 8 天的艰难跋涉中相处得也不错。我喜欢他的热情,但我解释说我只能负担得起一个向导的钱,他们说他们可以分担食物和水的开销。一开始的时候他们之间有对立情绪和竞相炫耀的行为,我对他们说这样是很不专业的,他们就停止了这样做。现在我们一共有 3 个人,能够一起面对挑战真的很好。

在多凡堡这座城市期间,我见到了一个环境保护团体,他们致力于保护雨林和生活在雨林中的野生动物,以及为年轻人提供科普教育。虽然某些物种正在走向灭绝,但他们每周都能发现新的物种;而且他们正在种植和保护原产马达加斯加的本土树木。六年前,有一片沿海雨林的狐猴被人当做食物捕猎,之后他们花了很长时间才建立起狐猴的信任,让它们适应有人在身边。知道有这样的人正在努力保护野生动物,真是令人感觉既惭愧又深受鼓舞。

当我与乔和米一起出发时,我们已经开始看到更多山了,而且眼前的一切都更绿了,有很多果树和蔬菜——柑橘、芒果等等。我们还看到了不少蜘蛛和蛇。我们穿过了途中的第一条河,但我们仍然在主路上,因为河上有一条摆渡的驳船,主要供那些双轮牛车使用,拉车的也是骨头棱角分明、一对牛角往上翻的瘤牛。不用游过河去真是太棒了,不过此后可说不准。气温仍然有大约 35～40℃,潮湿的丛林和山里会比这热得多。这真的是一个自然环境极为多样且美丽的岛屿。

这里的生活似乎没有那么艰难，不过人们仍然生活在没有电的小屋里，我们遇到的一些当地人会对我的背包指指点点，还尝试把它提起来，说就连军队里的士兵也不会背这么重的东西。将 7 公斤的东西寄回去之后，我给自己的背包称了一下重，现在它是 25 公斤（所以我在最初 8 天里的负重是 32 公斤）。米的负重将近 20 公斤，乔是 16 公斤。但是很显然我受过严格的训练，而乔和米看上去都很痛苦，大大的水疱让他们只能一瘸一拐地走路。我走得太快了么？我的脚裂了一道小口子，但是感觉状态还可以，而且我忽略了疼痛。通常需要两周才能拭去我尘封的灰尘，挖掘出我狂野的一面。

让我担心的是土匪离我们很近。我们见到了一个被完全烧毁的村子；那真是一幅凄惨的场景。在曼纳坦尼纳（Manantenina），因为乔的脚很疼，我们停下休息了一天。我可以趁这个机会给自己的电子设备充满电，接下来的两周我们会躲在灌木丛里前进。我们在曼纳坦尼纳遇到一个人，他曾经在一座矿井里挖矿，但那里的矿工都逃走了，因为土匪正在靠近。据报道，这股土匪一共有一两百名，而且他们会朝自己遇到的任何人开枪。我们和他一起查看了地图，结果发现藏身丛林的主意并不管用，因为土匪为了躲藏军队的追捕，也会藏在丛林里。如果我们不想遇到双方交火，我们必须沿着海岸线走一段。土匪正在迅速朝这边过来，所以我们需要尽快出发。

米那天晚上又开始喝酒了——他有些烦躁，为下一段路程担心，我们三个都担心。我们本来已经安排妥当，确定好了路线，十分肯定只要我们保持警惕就会没事，然后米用各种疯狂的意外情形让乔和我都恐慌了起来，比如土匪会枪杀了他和乔然后把我扣为人质，从政府那里勒索赎金。无论他是否听说过此类传闻，他们脸上的恐惧都是千真万确的。这让我也担心了起来，满脑子想着这里真是一个法律和秩序管不到的地方；社会完全败坏了，那些人还有枪。但我们现在有了一个很好的行动计划；我们将沿着海岸北上，一旦完全经过危险区域就直奔山脉。

很快就出现了更多需要穿过的河流，有些宽达两三百米。有一次我们只能跳进一艘由当地人掌舵的独木舟；我们背着背包踮起脚尖小心翼翼地蜷缩在船上，这 300 米的过河之旅真是痛苦。天气变得多雨多风，我们稍微有些迷路，穿过了如此多条小溪和泥沼遍地的沼泽地之后,最后我干脆穿着我的训练鞋迎着风雨在膝盖深的水里穿行。谁在乎呢?这是一场探险!晚上雨停了之后,我们在灌木丛里露营,试图晾干自己的东西。

我的帐篷似乎不太能应付这种环境,随着时间一天天的流逝,它的漏水也越来越严重——或许面料出现了两三条小裂缝,很多东西都湿了,包括我的睡袋。它是一顶质量很好的超轻帐篷,但它不能很好地抵御这些极端条件。我需要我在蒙古用的那顶帐篷,它经受住了各种各样疯狂的天气。生火需要一段时间,但我们还是做了面条并早早躺下,在蝉鸣声和满月的明亮月光下睡着了。我们醒来后发现一只老鼠享用了我们的口粮,不但打开了好几袋面条,甚至还弄开了装在小袋子里的咖啡。

我们走进了菲亚纳兰楚阿地区(Fianarantsoa)。在我看来,这里的风景有时像是非洲平原和蒙古干草原的混合体:连绵起伏的地面上生长着色调温暖的赭石色草,映衬着深绿色的树木,我们越往北走,种植园和自然植被就越多。我们遇到了一种叫做旅人蕉的树,它的分枝就像扇子一样朝两侧开展,末端生长着有光泽的类似棕榈的叶片。乔对我们说,如果从中央切开它的分枝,伤口会流出可以喝的清澈液体;正是因为这个原因,它们才被叫做旅人蕉。它们由狐猴授粉,是马达加斯加的本土物种。有一天,我看见了一只变色龙并且拿着相机追赶它;它从绿色变成了黑色——我 T 恤的颜色。

米、乔和我作为一个团队合作得很好,每天平均走 13~14 英里,一边走一边数着我们还有多少天才能抵达山区。在一个村子停下来找东西吃的时候,我们询问治安官现在前往内陆的丛林是否安全。他说这些土匪目前在贝法西(Befasy),距离这里只有大约 20 公里远。所以我们必须沿着海岸线再往前走一小段。

第 21 天,有人邀请我们住在一个棚屋里,那是用木板建造的一个相当大的棚屋,里面一共有数个房间,它和附近的其他几栋建筑坐落在从这个定居点穿过的土路的路边。当地人对我们很好,但在夜里我被蚊子咬了,而且房间里到处都是老鼠——在房顶上和床底下闹腾得很。我们只睡了几个小时,而且我是被掉在床上的老鼠弄醒的,醒来后发现身上有蚊子咬出的红色伤痕。我更喜欢帐篷——它能提供一层保护。

通常情况下,我在村落外面露营时睡得更好;只要在有凉爽微风的地方扎营就可以。但乔和米总是想睡在其他人的附近，尽管那里会有蚊子以及到处乱跑的老鼠和蟑螂。或许他们对灌木丛有一种恐惧。大一点的地方如万加因德拉努（Vangaindrano）也很穷但是有电，当我们到达那里的时候，至少我可以充充电，洗洗衣服。很快我们就会转向内陆了。

与马达加斯加文化不经意的邂逅让我着迷。步行走过这个区域时，我曾经看见田野里有个男人似乎在和瘤牛摔跤。我走过去调查了一番，了解到这是一项传统：他们会在淹水的稻田里追赶瘤牛，利用这个过程把地翻起来以便播种，有时候会为了好玩和瘤牛在泥地里摔跤。还有一次，我们走进一个村庄时好像赶上了一个节日，很多人在跳舞。我很想看，但是当人们看到我的时候，他们全都疯狂地跑了过来并且将我围住。

在一个村子里，我们针对鳄鱼展开了争论。马达加斯加人相信鳄鱼和当地人订立了一个协议，不会在他们游泳过河的时候攻击他们，而我非常确定的是，如果你在河里游泳的时候见到一头鳄鱼，它不会停下来问你你是从哪儿来的。此外他们还相信关于树叶和蛇的说法。如果一片树叶从天上掉下来，他们相信那是一条藏在树上的蛇在警告你，如果你还待在原地不动，等到第二片树叶落下来的时候，这条蛇就会像长矛一样刺下来，戳穿你的颅骨。如果有窸窸窣窣的声音或者一片树叶掉下来，我总是会逗一下这两个小伙子，让他们紧张起来——我会大喊一声，看他们慌张的样子。

当地人还相信烧荒的作用——有时候是为了让新草长出来，但他们还相信燃烧形成的烟雾会变成云，而云会带来雨。如果有一阵子没有下雨，他们就会烧荒，这样做之后当然有时会下雨，从而强化了这个观念，于是在偏远的地区，一代又一代未受教育的人都相信雨就是这样来的。

虽然我一直想在旅行时从当地人那里学习，而且已经学到了许多，但是在学习的同时必须有所取舍，因为他们并不总是对的。很多当地人对我说从这里一直走到马达加斯加的最北边是不可能的；没有人能做到这一点。这让我窃笑，因为这和在蒙古的情况完全一样，而且大多数人对距离并没有概念，因为他们不习惯长途步行；我仅仅通过问路就知道了这一点。在第一次长途旅行中，马特和我就被告知我们不可能越过柬埔寨到越南的边境然后骑着价值 10 英镑的自行车贯穿越南，从此之后我就知道对别人说的话不能全信——尤其是当他们说某件事不可能做到的时候。

乔和米觉得这场长途跋涉太艰难了。一天早上，我在打包行装，村民们的目光从长长的草上投过来，乔和米谈起了钱、他们的家人，说他们永远都摊不上轻松的长途探险工作机会。米说他现在后悔跟我们走了，尽管他之前自己说服让我带着他。这让我觉得沮丧，但同时也提醒我，这次冒险有多艰难。我在意志上更坚定一些，因为我已经准备了好几个月，而他们只有几周时间和一个小得多的目标。如果我一个人走的话，我能更专注，不被负面情绪影响；当我独自一人的时候，我似乎能够忽略环境保持活力。不过他们都是好小伙子，或许只是因为语言障碍，我们不能充分理解彼此的行事方式而已。随后我们在一个公村停下来吃午饭，当我们在接近40℃的气温下再次出发的时候，我和乔聊了聊生活和工作。这起了作用，让他的情绪缓和了许多。

　　人们常常以为如果你是从西方来的，那你肯定很阔绰。结束我的蒙古远征以后，我给很多团体举办过演讲，尤其是中学和学院里的年轻人，给他们讲述我的探险是如何开始的，例如在 16 岁时提出计划、得到能让我在国外工作的资格证书、卖掉我的车等等。我的探险和成就都是在非常有限的预算下完成的，这常常让人们很吃惊。当他们发现我来自寻常的背景，接受的是普通的教育，没有财富或特权时，他们就可以更充分地理解我。

乔的生活从一开始就很坎坷：他还在蹒跚学步时就被自己的母亲抛弃了，不得不依靠乞讨和当地人的善心维生。他是在街头长大的，并在那里遇到了其他混在街上的孩子，从他们那里学习如何生存下来，那就是打架和盗窃。一对来自留尼旺的夫妇注意到了他，他们不久前为街头流浪儿开设了一个庇护所，帮助他们学习技能，让他们能够找到工作，过上正常的生活，从街头流浪儿变成今天的他。这个故事非常激励人心，他在讲述时也十分自豪，对现在能有一份工作和一个家庭感到很满意。

当我们抵达一个小村庄时，尽管天色还早但我们决定停下来，在一片无人使用的稻田找个地方露营。我们在这里听到了音乐，还有一群小孩子在我们周围跳霹雳舞。这气氛很棒。然后这群约莫六七岁的孩子问了我一个问题，我以为是我误会了，于是我问了乔和米。

"没错，他们是在问我们今天晚上想不想找女人做爱。"

我震惊了——然后忍不住大笑起来。

我们醒来时听到了声音很大的雷鬼乐，演奏水平令人惊讶地好。此时是早上 7 点,气温已经高达 35℃,有些令人忧心。我和米一起去弄来了薄饼和茶,吃过早餐后我们沿着一条美丽的道路出发了,看着人们在稻田里劳作或者采集木柴,所有人都很开心,笑着和我们打招呼——有时候是在笑我。

下午的时候,我们正沿着一条窄窄的小路在森林里穿行,突然遇到一条河。吉勒斯说过,马达加斯加的每一条河里都有鳄鱼,但是它们在 11 月或 12 月之前都不会醒过来——醒过来之后它们会因为冬眠结束而变得饥饿且富于进攻性。现在是 10 月,而且这条河看上去很平静,所以乔和米说他们怀疑这里并没有任何鳄鱼。我们决定跳进去,但我注意到他们迟疑着不敢走进泥泞的深水区域。我走到稍微深的地方准备清洗一下自己的身体,但就在我坐在水里 5 分钟之后,一个当地人跑了过来,嘴里喊着马达加斯加语。恐慌的声调说明了一切,我们赶紧跑了出来。他说河里有长达 4 米的鳄鱼。真是好险!

我们翻过一座座遍布长草和稻田的丘陵,看到远方有一些小湖。气温已经升高到了 40℃ 以上,但我们每小时都会在荫凉处休息一下。丰富多样的地貌让步行很有趣:沼泽地,河流,陡峭的小山和断桥。一名当地人提醒我们小心前面的土匪,他们前一天晚上在他的村子里偷了牛。这个危险因素并没有过去。

10月6日标志着马达加斯加远征的第一个月的结束，我们吃的早餐是一种他们称之为"mofo"的食物，很像甜甜圈，喝的是糖水，然后开始了漫长的攀登：我们终于在山脉中行进了，它是这次远征最重大的事件。它美丽而宁静——只有自然的声音。接近中午的时候，我们遇到了一条湍急的小河，这个决定不用思考：两个小伙子和我直接跳了进去，寒冷清爽的水让我们尖叫着笑了起来。然后我们洗了自己的衣服，在这里休息了两个小时。对面河岸上有两三个当地姑娘也在洗衣服，天空晴朗，万里无云。

我们重新上路，遇到了几个正在休息的自行车手，和他们打了声招呼。很快，我们也决定在路边的树荫下休息，喝一点水。我们注意到植物经历了一天的高温之后都变得干燥起来了。我们看到之前的那群年轻小伙子从我们身边骑过去了，速度相当快——这次他们没有停下来和我们打招呼。我们并没有在意。仅仅过了10分钟，我们听到噼噼啪啪的响声，但不知道那是什么声音。听上去像是更换自行车档位的声音，所以我以为是后面又来了一批骑行者。我正在低头翻看手机上的照片，然后我注意到有灰烬落在屏幕上——但这次我还是没有在意，以为它只是从树上掉落下来的什么东西。

然后乔站了起来,看着我们刚刚过来的方向,开始闻空气中的气味。我和米也接连站了起来。我们可以看到更多灰烬在往下落。噼噼啪啪的声音变得更大了。一股温热的微风朝我们吹过来。

乔说,"快!我们得赶快离开这儿。森林着火了!"

我们不知道火灾的规模有多大,但它正在迅速靠近我们。

我们慌慌张张地背上背包,沿着树下的小路尽可能快地往前走。幸运的是我们走出了森林,前面是一片延伸到山丘上的开阔土地,除了石头或枯死的草之外什么也没有。我们似乎将火灾抛在身后了,不过刚才那段路程真是惊心动魄。

我们继续往前走,而且比通常状态下走得更远,因为我们想要补充水,两个小伙子的水都喝完了。我们来到了一个小村庄,它坐落在一条山谷中,两边都是山,这里的人不太爱说话,但我们知道在天黑之后来到一个村子是不尊敬的表现,就像我们做的那样;因为没有电,他们很难看清楚你。这里一共有三四十人,生活在用粘土或牲畜粪便建造的十来个小屋里,他们说我们可以扎营,用他们的炉子做饭;但他们也和我们保持距离，叫我们睡在外面的帐篷里。然后治安官对乔解释了原因：村子里的老鼠有跳蚤，而跳蚤携带疾病。吉勒斯前一阵子还警告过我，某些小村落仍然会受到黑死病的侵扰。

这可把我吓坏了，我开始变得疑神疑鬼，而且知道我必须裹住自己的身体，远离老鼠、猫和狗。我们可以看到远方山上的火光点亮了它的上空，烟雾向上升腾。当地人给了我们一条鳗鱼吃，我们借着头灯的光迅速吃了起来，想赶紧吃完钻进帐篷里，远离翻捡垃圾的狗和在我们头顶盘旋的蚊子；我们可以把头灯关掉，但那样的话我们就看不到是不是有苍蝇落在食物上。尽管环境如此糟糕，但我实在累坏了，最后还是睡着了。

第二天早上，我在鸡鸣、婴儿啼哭和狗吠的声音中醒来，然后去拿我的背包。所有当地人都站在周围，乔和米和他们说了早上好，但是他们没有回应。我在想是不是因为瘟疫刚刚让他们失去了一个亲人，或者土匪偷走了他们的牛。气氛似乎很怪异。我们用开水和一两勺糖做了一些甜茶——似乎我们三个都拉了肚子，肯定是因为前一天晚上那条可疑的鳗鱼——但我们一笑置之，没有放在心上。这是个明媚的早晨，就我们的目力所及，远方的山火已经熄灭了。我准备妥当，喝了一些水，在鼻子上涂抹了防晒霜，拿起我的背包甩在肩膀上，渴望着出发——然后发现了一只老鼠。

在那么多的村子里，我的背包下都可以出现一只老鼠，而这只老鼠偏偏出现在这个可能有黑死病的村子。有那么一会儿，我只是呆呆地站着，瞪大了自己的眼睛。这只老鼠跑开了，然后当地人就像疯了一样恐慌起来，所有人，甚至包括儿童和妇女，不分年龄，不分大小，全都在泥地里追赶这只老鼠，试图踩住它——它从乔跟前跑过去了，乔抬起了自己的腿，发出了一小声尖叫，然后加入了人们对它的追逐——但这只老鼠逃开了所有人。它跳上一只旧轮胎然后钻了进去，但一条狗对它紧追不舍，逮住了它并把它吃了。总而言之，我很高兴能动身离开这里。我们决定不在这个村子刷牙，也不从这里取水。

平缓、低矮的丘陵上覆盖着看起来颇为干旱的草地，有一次在稻田边缘遇到一口带水泵的水井，我们在这里停下来休息，凉快了一下。我们在马鲁派卡（Maropaika）停下来吃午餐，吃的是猪肉和米饭，我们用餐的地方就像是某个空荡荡的卧室，里面只有一张桌子和一张床。乔和米说他们从来没有在这么炎热的气温下徒步过，我可以看出他们在努力挣扎。我在此前经历过许多次这么炎热的高温，所以这次很快就适应了，但我知道这会消耗他们的精力，而且会是危险的——我想起了戈壁沙漠——于是我为自己良好的健康和精神状态感到庆幸。我们经常喝水，碰到能提供饮料的树时就停下来休息，至少每小时休息一次。有一次我们在路上遇到一个扛着甘蔗的女孩。我们问她是否能分给我们一根吃，然后她微笑着给了我们一根。我们三个把它分了，甘蔗真是好吃，而且富含能量——非常适合徒步。

几天后，当我们正步行在两个村庄之间的时候，一个穿着军装、肩上扛着枪的人出现在我们面前，要求看我的护照。他身边还有一个平民朋友，而且两个人都喝醉了。我在自己的背包里翻了一阵，然后根据米的建议，我没有给他护照，而是给了他旅游部门发给我的文件，我从一开始就一直带在身边。文件上说了我们应该在马达加斯加的每个地区待多少天，以及我正在做什么。

"不对。"他说。根据文件上的日期，我们应该在9月30号之前离开南部并抵达菲亚纳兰楚阿。现在已经是10月7号了。这让我们感到惊讶，不知道是因为打印错误还是别的什么原因，旅游局的办事人员弄错了日期，但是没有人在此前指出过这一点。

喝醉了的士兵立刻抓住了这一点,开始对我咄咄逼人起来,挥舞着自己的枪。或许他以为我是法国人——由于过去的恩怨,马达加斯加人对法国人向来有一些成见——正准备用任何借口来针对我。或许他只是想要钱,又或者他是认真的,对于我携带过期文件旅行感到愤怒。

我把护照拿了出来,向他指出我的签证有 6 个月的有效期,让我可以在马达加斯加一直待到明年三月——现在才过了一个月而已。不幸的是,他只是变得更强硬了,这引起了一场骚动。当地人开始聚集在我们周围。我感觉他们都是站在我这边的,但是不敢对军队士兵说任何话。这名士兵要求我向他支付 10 万阿里亚里,大概相当于 20 英镑。当我笑出声并拒绝之后,他说我们必须往回走 6 公里,返回马鲁派卡。我再次拒绝,这让他更不高兴了。

他开始朝乔和米吼叫起来,而两名向导在此时看上去非常担忧。他们试图解释,但他显然是在告诉他们闭嘴而且不要再和他说话了。我能从乔的脸上看出他正在思考做一些事情。我们知道这名士兵错了,但我们能做什么呢?他的肩上扛着一支 M16 自动步枪,枪口指着我们前进的方向。当他吼叫的时候,这支枪从他的肩膀上滑下来了几次,而他抓着枪托，手指几乎放在扳机上。我把头扭向一边，偷偷观察保险栓拉上了没有。在知道他是错的情况下，而且为了在一个醉酒持枪的人面前保护自己，我们是不是只能把他的武器夺下来——如果可能的话？我们需要摆脱这种状况，而且我们需要迅速行动。

这场争执持续了大约半个小时，士兵一次次地提高要我支付的价码，而我一次次地表示拒绝。我很幸运有乔和米在身边向我解释他在说些什么。事情一点都没有平息下来的迹象。他的喝醉了酒的平民朋友向我挑衅，好像是想打架似的；人群拉住他，但他挣脱了别人，朝我冲过来。我将自己的背包放下。

"Bonjour vaz'ha，"他用一种挑衅的方式说道；这句话的第一个单词是法语，第二个单词是马达加斯加语，意思是"你好外国人"，而且主要是针对白人说的。

我不能跑——对面有一个持枪的士兵——所以我只能站在原地，如果他开始挥舞拳头，我就只能和他打。作为一名受过训练的泰拳手而且身体状态很不错，我对自己的格斗能力很有信心，但不想让事情发展到那一步，即使我只是在保护自己。

我回答他，"Salam' Malagas"。（你好，马达加斯

加人）

　　我抬起手假装挠自己的下巴，准备格挡打过来的拳头。我们继续用充满敌意的表情瞪着彼此。我想如果我转身的话，他就把拳头挥过来。我毫不让步，和他面对面地站着。然后过来一个人走上前去，抓住他的胳膊把他拽走了。现在只剩下喝醉酒的佩枪士兵，我和他又争论了 25 分钟左右，直到又有两名军方人员赶到，其中一名是个上尉。要么事情会变得更糟，我想，要么他们会站在我们这边。

　　乔和米解释了事情的经过，另外两名军方人员平静地听着。喝醉的士兵仍然在大喊大叫，但这两个清醒的官兵让他闭嘴走开。他们向我们三个道歉并允许我们出发。当我们要走的时候，他们向我们要钱——但是只要了相当于 20 便士的钱，于是我想，就给他们吧；这点钱也就够他们喝杯茶的。

　　在我们要走之前，他们还说他们正在搜寻据说就在这个地区活动的土匪，并建议我们为了安全起见去附近的村庄扎营。天快要黑了，所以我们也没有别的选择。幸运的是，村民对我们是欢迎的。当我们走进村子里时，他们围绕在我们身边，每个人看上去都很兴奋，有的人跑去把朋友和家人叫过来，有的人向我们跑来，和我们打招呼。每个人都笑容满面，而且孩子的数量是成年人的三倍——他们发出很大的叫声和笑声。村子的治安官笑容满面地走过来和我们握手，欢迎我们来到他的社区。村子看上去是个维护得相当好的地方，由零散分布的泥筑和木质小屋组成，坐落在一座小山顶端，有凉爽的微风拂过。治安官给我们找了不同的地方睡觉，此时太阳正在落山，将这个地方笼罩在一片金光之中。

关于刚才的事情，消息已经传遍了，所有人都认为错在那个喝醉的士兵。这一天是村子的成立周年纪念，举办了一个庆典，那个士兵很显然喝了一整天的酒，村民们已经等不及想让他走了。一大群兴奋的孩子围绕着我，我唯一能够逃离的方式是走进一个混凝土小屋然后关上门，结果他们打开了窗户。这个小屋里爬满了蜘蛛，但让我高兴的是事态终于平息了，我来到了一个更好的地方，和一些好人在一起。

9

从萨拉索阿到菲亚纳兰楚阿：
疟疾，一座大山和一场宿醉

    第二天晚上，我们住到了一个比较大的村镇上。我看见米在打电话时哭了起来。乔向我解释说米在和他母亲打电话，方才说起了自己酸痛无比、长满水疱的脚；他母亲哭了起来，这让他也心中难过。我感觉很糟，于是他们对我说了一件让我发笑的事。原来在前一天晚上吃晚饭的时候，有几个女孩在饭桌旁骚扰他们，说她们喜欢我，而且想和 vazaha（外国人）做爱。他们站在我的门外把这些女孩打发走了，而我在里面呼呼大睡，对这一切懵然无知。

    我们想要尽快赶到萨拉索阿（Tsarasoa），于是不顾炎热的天气进行了几天漫长的徒步,穿越开阔的热带草原,偶尔会遇到一些需要涉水而过的河流或者一小片森林。我们总是尽可能多走一些距离,我很喜欢这种感觉。我们会尽量在水源附近露营,以便烹煮食物和取水。在最艰难的一天里,我们走了 12 个小时,露营时地面坚硬得我们没办法把帐篷的固定栓打进去,于是我们在斜坡上找了一小块被岩石环绕的泥地,正好够两顶帐篷挤在一起。黎明时分只喝了糖水当早餐,我们就又上路了,穿过纷繁多样的地貌:稻田、沼泽地、山脉和巨石。我们终于来到了这座城镇,用一顿大餐和冰凉的可乐好好犒劳了一下自己,还喝了啤酒庆祝。

萨拉索阿分布着 15 或 16 个不同的社群,它是我见过的最美丽的地方之一:巨大的高塔状灰岩在柔美茂盛的山谷中拔地而起;这里仍然是偏僻的,但没有我此前走过的地方偏僻,我的后勤经理吉勒斯的生态度假屋就坐落在这里:若干小平房散布在一座小山的山坡上,每座平房的屋顶上都安装了太阳能电池板,为晚上的照明提供电力;这里还有一两家供应西餐的餐厅。我在六个月之前的侦查之旅中来过这里。我的远征已经开始一个月了,只是全程的大约 20%,但回到这里的感觉很好。我在做计划时设想过自己抵达这里的情景,现在我做到了。我们住进了米的母亲工作的酒店。乔很快就会离开,而米将继续与我同行,前往马达加斯加的第二高峰伯比峰(Pic Boby)。我计划登顶马达加斯加的 8 座最高的山峰,它将会是我的第一座。

在镇上,我遇到了一些在这里进行探险之旅的欧洲旅行者,有的人骑行了 100 公里,有的人在攀岩,还有人结伴自驾游历马达加斯加。听到我正在做的事情之后,他们都很惊讶。

我开始感到有点头疼,但我没放在心上,想着一定是之前我把自己逼得太狠,现在终于来到了一个可以放松的地方,所以才会这样。我让自己的身体从水疱和背包令人痛苦的摩擦中恢复了过来,但我感觉自己的脱水状况很严重。第二天我感觉更糟了,但我预订了滑翔伞——这是我的第一次。

一位滑翔伞教授生活在附近的一座村庄,他过来带我去了一处陡峭悬崖的顶端,我们走了一两个小时才走到那里。山谷里非常热,我还可以看到不远的田野正在烧荒。虽然头疼,我还是爬上了悬崖,过程很艰难——我脱掉了上衣,大汗淋漓。乔也一样——他跟着我是因为教练的英语不够好,我需要一名翻译。我即将要从悬崖上跳下去,但我还不确定自己充分理解了教练的指导。我只是被告知从悬崖上跑下去——一直跑一直跑，直到我离开地面，然后进入坐姿……

我把自己绑好。我们进行了三秒钟倒计时，然后，"跑跑跑！"

我们朝悬崖边缘高速奔跑。感觉已经离开地面几秒之后，我进入了坐姿，但这是不对的。

"不，跑跑跑！！"

于是我从座位上跳下来，继续朝从悬崖边上突出的岩石跑去，教练喊道："停停停！！！"

距离悬崖边只有两三米的时候我们仍然在往前跑着，必须让滑翔伞停下来。

幸运的是我们停下来了，滑翔伞在我们面前掉在地上。我们走回去，这次他解释得更清楚了一些。此时我突然紧张起来——我必须确保自己做的是对的。

我们再次开始："跑跑跑！"很快我们就得到了不错的风速，从悬崖上飞了出去。在一个炎热晴朗、万里无云的日子看着下方美丽的山谷，俯瞰我曾经走过以及前方要走的土地，这感觉真是不可思议。

我们飞了大约 8 分钟，依靠的不是上升暖气流而是风。风并不稳定，所以当风停下来的时候，我们也会跟着往下掉。没人告诉过我着陆是怎么样的。我们以相当快的速度下降,我听到教练慌了起来,叫道"啊啊啊!"然后说,"真对不起,阿什……"我开始担心到底发生了什么事。然后他让我站起来,降落伞撞在了一棵树上,然后我们在一片稻田里着陆了。在稻田里劳作的当地人向四周张望,一脸茫然。

这是很棒的经历。但是那天晚上,当我在仅有一个房间、只能容下一张床和一个置物柜的圆形平房休息时,我感觉更糟糕了,不但腹泻不止,而且还头痛欲裂。我早早地上了床,当我在第二天醒来时,我难受得吃不下早饭。我稍后才吃了一点东西,估摸着应该是热衰竭,因为我在戈壁沙漠也有过类似的症状,不过要比这严重得多——头痛、眼睛疼,有一点神智昏迷。我告诉自己喝大量的水,摄入许多糖和盐,我还决定推迟出发的日期,直到我感觉自己完全恢复。这里的人照顾我,给我药茶喝,用手给我按摩。我嗅了一种很强烈的气味,它似乎对我的头有些好处,然后他们把我转移到更大的一个房间,让我能稍微凉快一些。我吃了一些扑热息痛和布洛芬,在焦躁不安和大汗淋漓中沉沉睡去,不过第二天早上感觉稍微好了一些。

米过来看望我,还给我带了一些早餐。他说他会叫医生过来给我看病的。我很肯定这只是脱水，但想着最好确定一下。他还听说有两名法国医生带着一个当地马达加斯加向导正在附近的一个村子里，他跑去找到了他们。他们在徒步经过这里的途中过来给我检查，他们真是好人。我开始担心自己可能感染了疟疾，但他们告诉我这不可能是疟疾，因为我看上去太活跃了——如果是疟疾的话我就不会微笑了，我甚至会无法站起来——所以一定是热衰竭。我松了口气。他们说如果我喝可乐和水并大量摄入糖、盐和米饭，很快我就会恢复的。于是我在自己的鸡肉和薯条里加了很多盐，喝了很多可乐、水和菠萝汁，吃了一片扑热息痛和两片布洛芬。然后我就开始感觉很不错了，仿佛已经充满能量，可以马上出发了。

然而我这天晚上仍然睡得很不好，第二天我的状况更严重了。

当你身处痛苦之中时，各种各样的思绪都会进入你的脑海，尤其是当这种痛苦在你身体深处时。我听说过有人因为热衰竭迅速死去的故事；虽然我在戈壁沙漠恢复过来了，但我总会有一种不理性的担忧，担心这次恐怕会让我玩儿完。每当我产生这样的想法时，我就会起来喝水，试图重新找回积极性,这很难,因为我没有力气做任何事。我知道自己需要一晚上的好睡眠,这会让我感觉好很多。我无法吃饭,只能逼迫自己咽下一些液体,思绪疯狂而混乱。我听从建议去按摩,感觉痛苦减轻了一些;我去冲了个澡,然后裹着湿的大方巾裹在床上,好让我保持凉爽。

我醒来之后感觉稍微清爽了一些,但仍然不能吃或者喝太多东西。虽然我挣扎得很辛苦,但我希望自己正在康复中。米和他母亲总是来看我。我收到一封电子邮件,说他们为我找到了一名合适的向导,首都调频(Capital FM)和一名意大利记者想采访我,但我感觉自己无法接受采访或者与可能陪伴我的新向导对话。我试图待在自己的房间并躲在阴影下,但这个平房有两扇大窗户,而我必须把门打开保持通风,所以不可能躲开阳光。如果我这个晚上再睡不好,第二天早上感觉更糟的话,我就让人把我送到菲亚纳兰楚阿(Fianarantsoa),找一个凉爽的房间,再找另一个医生来看我的病。

这个晚上一点也没有好转。已经是第四或第五个晚上这样了,我一直在产生幻觉,不停被噩梦惊醒。我记得自己半睡不醒,神智昏迷,只剩下一半的意识。我很想喝水,而我旁边的桌子上就有一杯水。

我很难坐起来,因为我痛苦极了,而且我的头脑里有两个声音:一个声音是好的,说你需要喝水,现在就站起来喝水吧——而另一个是坏的,说别操心那个了,去睡吧,这会是没有痛苦的死法,你什么都不会知道,一切就结束了。这个声音令人害怕,又让人感到安慰。这场争论持续了将近1个小时,直到我强迫自己坐起来喝了水。在这个时候,我知道自己必须离开这里了。

我站了起来,用缓慢的动作在身上裹了条毛巾,挣扎了半天才走到酒店的前台。米的母亲正在工作,我对她说我需要去菲亚纳兰楚阿的医院。她摸了摸我的头,可以从我的体温判断出那正是我需要的。她叫了一辆车。我感觉非常难受,开始为这段3小时的旅程收拾东西,只拿最基本的生活必需品。米和我一起走。

我坐在四轮驱动越野车的前排座位上,好让自己靠近车窗。第一个小时行驶在颠簸的土路上,这让我的身体非常痛苦,阳光直射下来,让我感觉更糟了。但我们终于到了那里,米在城里最好的酒店给我找了一个房间,是那种有好几百个房间和一家餐厅的酒店。我昏昏沉沉地注意到我的房间里有电扇,很凉快,然后就瘫倒在床上睡着了。醒来后我看到米坐在我身边,但眼前的一切都是模糊的,而且好像在播放慢动作。他断断续续地给我点了酸奶、水和香蕉奶昔之类的东西,但我碰都没碰,因为我已经没有吃东西的力气了。

我躺在床上,看到两张脸朝下看着我。我仍然在产生幻觉,他们的脸和声音是模糊的,但他们把我扶了起来让我坐着,这弄醒了我,我意识到他们是医生。其中一名医生用破破烂烂的英语和我说话。她测量了我的体温和血压,两个指标都非常糟糕。然后她对我进行了血液检测,很快她就用非常忧虑的眼神看着我了,然后对我说我感染了最致命的疟疾,恶性疟原虫。

我的心猛地沉了下去。我沮丧极了。我想着:疟疾是人类历史上最大的杀手,而且一旦你得了疟疾,它就会跟着你一辈子。完蛋了,我想。最致命的疟原虫通常会在 24 小时之内杀死你,但是我支撑了 5 天。或许我吃的抗疟疾药仍在努力发挥作用,但是那条鳗鱼导致的腹泻意味着我没有把全部药物都留在自己体内;身体残留下来的少量药物让我多坚持了这性命攸关的几天。医生立刻给我开了药片让我吃。吃完之后我仍然上吐下泻,腹泻的情况很严重。那个晚上,我不停出汗、发抖,出汗、发抖。

睡眠是如此重要,重要得不可思议。我醒来之后感觉好多了,更能集中精神了。医生又来了,开始向我解释说她可以将这种疾病彻底清除出我的身体,因为我感染的时间还没那么长。她说几小时后我可能会陷入昏迷。但如果我完全按照她说的做,吃她开的药,喝很多水并且好好吃东西的话,我就能完全恢复了。我开始吃药,而且当然做了她说的每一件事。

我走了穿越马达加斯加之旅的仅仅四分之一路程,就已经经历了这么多事情,想一想真是令人害怕。似乎每一天都是一场挣扎,而且我担心自己再次染上疟疾。我只想完成剩下的旅程,只用面对大山和步行的挑战,而不是更多疾病或食物中毒。经历这件事让我对马达加斯加——这里的人,这里的气候——产生了消极的感觉,我只想完成这次远征,赶紧回家。但我知道这只是药物和疾病在对我施加影响。当然,第二天我就把积极的感觉找回来了。

按照医生的建议,我试图倾听自己的身体想吃什么;它在要求吃披萨,于是我点了客房服务。我吃得很费劲——刚吃了几口我就往洗手间跑——但是当医生再次过来的时候,我的体温和血压都已经降低了许多。我吃了药片,和我的父母还有小弟弟通了一会电话,就睡觉了。

在接下来的 7 天里,我只能待在酒店房间,这是我到马达加斯加以来住过的最豪华的地方了。他们不让我去医院,因为疟疾是传染病,如果一只蚊子咬了我然后再咬了别人,这种病就会扩散开来。不过医生每天都来两次。我的胃口逐渐回来了。我现在很瘦,所有脂肪都从身上刮走了,但我的精神又敏锐了起来。我又和我妈通了一次话,她在做了一翻调查之后感到很担心。

"这不是感冒,"她说,"这是疟疾。你需要回家,充分恢复过来。"她说保险公司有一架正在待命的直升飞机,她和我爸都认为我应该撤退。

但我不能做出这种选择。我不认为现在是放弃的时候。

去你的,马达加斯加!我不会认输,我不会让它打倒我。我将马达加斯加设想成一个敌人,愤怒给了我力量。现在是迎接挑战的绝佳时刻。在这种时候,要么放弃回家要么站起来大放光彩。是战是逃,我必须面对。我必须充分恢复,继续上路。幸运的是,我在可靠的人手中。我的保险公司和来给我看病的医生通了电话,她把所有事情都做得恰到好处。

她在恰当的时间行动,并为我提供了正确的药物治疗。我知道自己遇到了稳妥的人,现在是我充分康复的机会。这件事给了我很大的惊吓,但我会继续远征之旅的。

我开始规划路线,安排接下来的行程,思考如何保护自己抵御疟疾和热衰竭,对镜子里的自己说要照顾好自己,保持专注、警醒、坚定,最重要的是,完成自己开始的东西。马达加斯加不会如此轻易地阻止我。我开始变得焦躁不安和无聊起来,期待随时上路。

最后一天,我走进了酒店的室内游泳池,并将它看作是恢复自己力量的积极的一步。对我来说,训练一直是重新积攒能量的重要方式。在城市里散步并让阳光洒在脸上,我感觉好一点了。我问医生自己能否继续上路,她说只要我完成药物治疗——因为我还得着疟疾,她提醒我——只要我在徒步的时候继续吃药,疟原虫就会被杀死。我在房间里做了一些俯卧撑和引体向上,让自己在精神上做好前往未知境地的准备。我想知道剩下三分之二的旅程会发生些什么。我再次开始对这次远征感到兴奋起来了,然后检查了所有事情,确保自己有足够的钱支付国家公园、向导、食物等费用。

第二天早上，我要了一个空碗和一个勺子来吃我的可可米（Coco Pops），米过来敲门，说司机想要出发了，因为他觉得会下雨。我能看出来米还有些醉，他前一天晚上肯定喝酒了；他说他喝酒是因为警察拦住了他要看他的护照，而他没带在身上，然后警察向他要钱，结果他和警察打了起来，被带回了警察局。我不能让这种事干扰我。在菲亚纳兰楚阿待了一周之后，我们又踏上了三小时的返程之旅，回到萨拉索阿去拿我们的装备。第二天我们会开始爬伯比峰（Pic Boby）。现在回想起来，在吃着治疗疟疾药物的同时攀登马达加斯加的第二高峰，这似乎是个疯狂的决定，但这个决定在当时看起来很恰当。这有助于我的双腿重新获得力量，还能让我迅速适应探险的节奏。

我在这次远征当中的主要目的是成为第一个徒步走完马达加斯加中脊线的人，而且我还增加了一些山峰来增加挑战的难度。按照高度排列，马达加斯加 8 座最高的山峰依次是：

马鲁穆库特鲁山（Maromokotro）——2876 米

伯比峰（Pic Boby）——2658 米

米齐亚法扎武纳山（Tsiafajavona）——2643 米

安多汉尼桑布拉诺山（Andohanisambirano）——

2501 米

法莫赞科瓦山（Famoizankova）——2367 米

伊纳诺比山（Inanobe）——2325 米

安博希米拉哈瓦维山（Ambohimirahavavy）——2301 metres

伊比提山（Ibity）——2240 米

伯比峰这个名字的由来颇为有趣。曾经有一群人比赛看谁先登上山顶，而且约定无论是谁先拔头筹，都会用他的名字命名这座山峰。他们都输了，一条名叫伯比的狗抢在他们所有人前面登上了山顶。伯比峰的马达加斯加语名字是"Imarivolanitra"，意思是"靠近天空的地方"；它坐落在安德立吉塔国家公园（Andringitra National Park），公园内到处都是花岗岩山峰和瀑布，而且刚一进入公园就感到地貌迥然不同，裸露的灰色岩石贯穿在草地之中。令人惊讶的是，虽然在某些地方看上去如此荒凉，它却是马达加斯加岛生物多样性最丰富的地区之一，很多植物、鸟类和蛙类物种生活在森林区域。米和我被指派了一个强制性的向导，后者指出这里的很多植物都是本土的，它们不只是马达加斯加的本土植物，而且是这个国家公园的本土植物——也就是说它们只生长在地球上的这个地方。

步行过程很辛苦,地形陡峭,天气炎热。当我们朝着休息区往上爬,打算在那里停下来吃午饭。当我们抵达这座拥有稻草屋顶和石桌、用石头建造的小屋时,我们突然看见了一家子环尾狐猴,它们的名字来自于黑白条纹相间的尾巴。它们有厚厚的皮毛,长着一张白色的脸和一对黑眼圈,看起来非常可爱,出现在这里大概是为了饮用天然泉水,寻觅食物和在屋顶上享受日光浴,这些都是狐猴喜欢做的事情。公园里一共有 13 个狐猴物种,环尾狐猴只是其中之一。看到我们走过来,它们赶紧跳起来,跑到了远处。

我们用大米和绿色蔬菜做了午饭,饭后休息了一会,然后继续高强度的攀登。我惊讶于道路的布局竟然如此良好,还有路标指示方向,因为很多来到马达加斯加岛的游客都会来爬这座山。地貌迅速变成了光秃秃的岩石,天气很快就变得多风而凉爽,而我们走到了云的上面:一幅诡异而美丽的景象。我们又看见狐猴了,它们沿着大石头移动,还从岩石上舐食水分,这也是它们的矿物质和盐分来源。它们生活在如此严酷的条件之下——伯比峰的顶部就像月球一样荒凉,可供生存的资源实在不多。

我们终于来到了大本营,这里的海拔是 2050

米,是威尔士最高峰的两倍多,来到这里的感觉很棒。这里正在下雨而且气温很冷,但是在经历了那么多天的酷暑之后,这种寒意令人精神一振,不过我希望乌云在第二天消散,让我们能够从山顶欣赏美景。我在一个小庇护所下面迅速搭起了帐篷;两个向导弄来了一些干燥的木头,然后在一个小屋里生起了火。我在自己的面条里加了很多辣椒,把他们逗乐了,然后我就爬上了床,希望能够在凉爽空旷的野外好好睡一晚。当我用手机写日志时,一场雷阵雨不期而至,闪电照亮了帐篷,我能清晰地看到一只老鼠从帐篷顶上跑过去。

第二天早上,我把自己的大多数装备都留在了大本营的帐篷里,米留下来看管。我那沉重的背包终于轻了一次! 吃了糖水、饼干和剩下的疟疾药当做早餐,我真的很期待这一天。当向导和我出发时,天气仍然很凉爽,但云消散了一些。我们花了两个半小时才爬上顶端,一路都在沿着陡峭而裸露的岩石向上攀爬,不过沿途都有令人瞠目的美景。最后,我们抵达了疾风劲吹的峰顶。我们仿佛来到了一个截然不同的星球,峰顶是灰棕色岩层组成的迷宫,裸露的岩脊向四面八方伸展,云已经在我们下面很远的地方了。从海平面一直走到海拔 2658 米,这感觉太神奇了，很少有人会这样做。路程很艰难——但是绝对值得。我在纪念册上签名，拍照录像，发送了一条卫星信息，然后就掉头下山了，感恩自己能够拥有这么不可思议的体验。

在大本营，我收拾行李的时候发现自己的帐篷坏了。一路上的自然条件过于极端，它终于无力招架，里面产生了撕裂的口子，杆子也变弯了。米和我继续向北，想赶在我生日（11月1日）之前抵达菲亚纳兰楚阿。这段路程沿途有非常美丽的景色，我们会穿越浓密的森林和大山；当我们沿着下山路走到海拔 1000 米的标识时，我们看见了两座大瀑布。乌云再次聚集起来，我们被雨水浇得浑身湿透，在寒冷中继续步行。在国家公园的出口附近，我们发现了一些用于出租的平房。既然我的帐篷坏了，而且我们的帐篷在状态最好的时候也不防水，我们决定找个平房住下，晾干衣服，尽量修好我的帐篷，吃点东西，然后睡一晚上的好觉。

不幸的是，当我去厨房吃晚餐的时候，我立刻注意到米喝得酩酊大醉。我让他去睡觉，我在房间和食物上面额外挥霍了一笔钱，而他还这样，这让我很生气，冲他发了火。当地人带他去了另外一个房间睡觉，晚餐足以让微笑回到任何人脸上：有汤、米饭、鸡肉和土豆，甜点是菠萝和焦糖香蕉。米在凌晨五点半敲响了我房间的门。他向我道歉，说自己不会这样了，还说他是因为太冷了才喝朗姆酒的。

我们收拾好行李，在暴雨过后美丽、清爽的早晨出发了。我们环绕并翻越了一座座山丘，景色很不错。半路我们被一个喝醉了的老妇人缠上了，她以一种令人心烦的方式跟踪了我们大约 3 公里。通常如此随性的米也被这个瘦小的老妇人惹恼了。最后他用嘘声把她赶走了，老妇人气冲冲地跺着脚离开了我们，我忍不住笑了起来。

食物总是让我们抵达下一个目的地的良好激励。当我们饿了的时候——比如当我们在周日找不到食物的时候，因为这天是去教堂做礼拜的日子——我们就会一边走一边谈论停下来时我们要吃什么。我们抵达菲亚纳兰楚阿的前一天，一整天漫长的徒步让我们饿坏了，米在自己背包的最底部发现了一块已经发霉的面包，他开始吃了起来。我们对此笑了一会儿——米的幽默感让他成为一个很好的旅伴，我们常常能让彼此笑起来而且一笑就停不下来。我们在一个青草葱茏的美丽之地搭起帐篷，那里有水和一些树，地上散落着一些木头可以点起篝火，但是突然雷声大作，雨水浇了下来，我们被迫钻进帐篷,于是我们只能吃破碎的干面条——吃起来就像辣椒脆一样——还有那块发霉的面包。我们饿着肚子睡觉,梦到了抵达下一个地方时我们要点的所有事物。我们需要体内有足够的卡路里和蛋白质帮助我们的肌肉在夜间恢复,所以第二天早上的状况将会很艰难。当我们找到一个供应早餐的地方时,我点了五个炸香蕉、糖水,还有米饭配鸭肉和辣椒。

我们能看到菲亚纳兰楚阿依稀出现在远方,在地平线上森林终止的地方,有一些模模糊糊的影子,像是建筑。它和我们之间还隔着许多山丘,走到那里需要经历很多上坡和下坡。我们花了很长时间才走完这 20 英里,而且我的背包让我痛苦死了。当我们终于走到这座城市时,我感到如释重负。

我意识到尽管出现了几次醉酒事件,我仍然和米形成了深厚的友谊,而且他的英语也进步了不少。我们回来了,在这座城市,他曾在我身患疟疾的时候站在我身边,他母亲照料着我。重返故地之后,我们也度过了一段快乐时光。这一天是万圣节,而第二天是我的生日。作为庆祝,我住进了同一家酒店——不过不是同一个房间,毕竟我在那里经历了所有那些。米和我约定,我们无论是谁只能在第二天不徒步的时候喝酒,而我们将在菲亚纳兰楚阿休息两天。当米来到我的房间时，我们打开了几瓶啤酒，走到楼下去打台球，吃萨莫萨三角饺配绿辣椒酱汁，那是我的最爱。我想去找一家夜店庆祝我的生日，希望这会是一个难忘的生日。

我们离开酒店，去了一个酒吧，这个地方有点像卡拉OK，位于楼上的一个房间里。他们给了我们"VIP"包厢——光秃秃的地板上摆着一个椅子和一个垫子，四周拉上窗帘。我们当然将窗帘打开了，每人点了5个萨莫萨三角饺还有薯条。他们误解了我们的意思，端来五个大托盘，这太多了，但我们没有放在心上；这个地方充斥着尽情享受派对的人，随着马达加斯加音乐跳舞，我们喝得不少，跟着人群一起喧嚣起来。我们和酒吧里的每个人都交了朋友，请他们帮我们消灭食物。顺理成章地，我们接下来去了一家大型夜店，我在那里遇到一个可爱漂亮的女孩，她会说好几种语言，包括流利的英语。我加入了她和她正在上大学的朋友们，聊天喝酒。这是个很棒的夜晚——话说到这里就足够了——也是我生日的完美开端。当我带着宿醉醒来时，我意识到自己或许不应该在接受疟疾药物治疗的同时喝那么多酒……接下去的一天我都在不停喝水，尽量吃健康食物，躺在床上让我的肌肉恢复，为下一阶段的旅程做好准备。

10

从菲亚纳兰楚阿到塔那：四座山峰，恐慌的当地人和许多狐猴

　　在菲亚纳兰楚阿睡了一晚上的好觉，吃了两碗可可米然后去了一趟自动取款机之后，我兴致勃勃地重返丛林。米和我回顾了我们出去找乐子的那天晚上：我已经很久没有喝酒了，所以这次一下就喝大了。那是一个我将永远记住的有趣的夜晚——只是或许不会记住所有细节。

　　这是美丽的一天，有湛蓝的天空和蓬松的白云，地形也足够轻松，有草地和树木。我们在米的家短暂停留了片刻，那是一座有两个房间的砖砌小屋，我见到了他的妻子和孩子们；对于五口之家来说，这是

个很小的住宅。然后我们走到一条宽阔河流的边上，水面在微风吹拂下泛起涟漪，让阳光在浅灰色的水上闪闪发光；我们需要过河，但是河里有鳄鱼，所以我们必须去附近的一个村庄借一艘独木舟，米知道这个村庄在哪儿。我们坐上独木舟，米来划桨，让我们安然无恙地渡过了河。

我们经过了一个度假村，米 10 年前曾在这里工作并在这里遇到了他后来的妻子，于是我们停下来在这里的餐厅吃饭。遇到老朋友让米非常兴奋，因此当他们用很大的优惠让我们住在这里的平房（每人仅 3 英镑）时，真的很难拒绝。但我们刚刚离开一座城市，而且当我有一顶帐篷的时候，我尤其不太想住在旅游住所。和平时一样，我必须小心谨慎地花钱，而且我渴望继续上路，回到丛林里去。米通常从不占便宜，但此时他却在点食物和饮料了，这些都得我花钱——而且我能闻到他身上的酒精味儿，尽管我们曾经说好他在到达塔那之前不能喝酒。

所以那天晚上住在度假村里，我感到孤独和难过，思考着下一段路程。我们将会暂时离开北上之路两三天，因为我已经同意前往位于拉努马法纳国家公园（Ranomafana National Park）的瓦尔生物中心（ValBio Centre），那是隶属于狐猴保护网络组织的一个机构。因为生病损失了那么多时间之后,再绕道去那里似乎不太明智,但我已经给出了承诺,而且我也想帮他们宣传一下,让更多的人知道他们在这里做的好事。我感到自己情绪复杂,这是我在这场远征中第一次产生这样的感觉。但是我需要一天天地处理自己的情绪。某一天你会感觉消极,但是不要紧,你总是可以等到它逐渐消散,直到积极性重新到来。

通常我在早上会感觉好一些,但这一天没有。当我们即将出发并为平房付钱时,他们想索要高价。这让我很生气:米以为我是用钱做成的么?我们对彼此生起了闷气,这让艰难的一天变得更糟了。我们现在在雨林中穿行,两侧是绿色的树木,头顶是乌云,将我们团团围住。虽然道路并不难走,但是天一直在下雨。我们的衣服和背包都湿透了,而且这种状况会持续几天——在雨林里很难整理自己的东西——这意味着晚上的情况会非常困难。这让我们都很沮丧。

我们决定在一个村庄停下来,因为我们都又冷又饿,浑身湿透,而且我的水疱疼得要命。我们一瘸一拐地走向米知道的一个地方,希望能找到一间让我们可以做饭的空余小屋。所有当地人都躲在屋子里避雨，但治安官在外面示意我们跟他走。我并没有抱着很高的期望，然而最后他把我们请到了他家，他的家人很欢迎我们，让我们住进了一个温暖、舒适的房间，里面有两张小床和一张桌子。他们微笑着，似乎为我们的到来而高兴，还好奇地问我们问题。他们点起蜡烛还烧了水，给我们温热的水洗手洗脸，让我们晾干自己的东西。这是个简单但特别的时刻，我感到非常感激——我们现在正需要这种温暖和好客。

第二天，我们来到了位于拉努马法纳度假村附近的瓦尔生物中心。拉努马法纳国家公园是个深藏于雨林之中的美丽之地，棕色的大河湍急地流过，瀑布从悬崖上奔涌而出，此外还有茂密的竹林和高高的树木。来自四面八方的访客到这里来开展研究，观察鸟类和蝙蝠、变色龙和青蛙，以及狐猴。狐猴一共有一百多个物种，全部生活在马达加斯加的野外，它们以果实为食，并且会完整地将种子排泄出来，粪便还能起到肥料的作用，从而为其他野生动物更新森林。

狐猴是世界上现存最古老的灵长类动物——类似狐猴的生物曾经和恐龙一起生活在非洲，而且它们和人类进化史有重要的联系，然而它们现在正面临灭绝的危险。它们面临的两大主要威胁是人们将它们当做食物捕捉，以及森林的采伐：作为狐猴的栖息地，马达加斯加的森林遭受了严重的破坏，变成了农田。我亲眼见过森林中的野火，其中的一些很可能是人们为了种植水稻而点燃的，以便清理出土地。狐猴保护网络组织希望游客前来观赏自然环境中的狐猴，如果当地人从旅游业中得到的好处大于捕猎和农耕带来的好处，狐猴就能拥有光明的未来。

在此前的两个月里，我只看见过环尾狐猴，而在这里的一天之内，我就见到了 6 个不同的物种。在这里，狐猴是被保护的，而且它们学会了不怕人，这意味着我可以好好观察它们，不必担心它们匆忙逃窜，从一棵树跳到另一棵树上，或者一下子钻进高高的树冠里。冕狐猴（sifaka lemur）的样子与众不同而且非常滑稽，像是猴子穿着白色的皮毛外套，瞪着圆溜溜的黄色眼睛，跳跃的样子非常有趣，叫声的音调很高，很像是将两枚叶片合在一起并在其中吹气的声音。很难相信这座国家公园还生活着 143 个该地区特有的蛙类物种。我一只蛙也没看到，所以我请瓦尔生物保护区的负责人简给我指一指。当她给我指出一只时，我仍然看不见它。它坐在一片棕色叶片上，几乎和叶片融为一体了。

来自加拿大的简带着我四处观看野生动物，还给我讲述了这个生物中心都做了些什么来保护雨林，帮助濒危物种的繁育，教育孩子并帮助当地人。对我而言，在荒野中生活了一个月左右之后，能和以英语为母语的人（简和她的学生）聊天逗乐真是太好了。无论我和米相处得再好，我都很怀念这种感觉。

到了晚上，米说他想带我去泡温泉。我本以为是森林中的荒野温泉水池，听上去棒极了。事实上我们必须付钱才能进入一个游泳池，里面用的是过滤后的温泉水，这里的人很多，勾起了我在威尔士当救生员的有趣回忆——这不像我想象的那样自然。不过它是个放松的好地方，有现成的食物，还可以睡一觉。因为拉努马法纳是生态旅游目的地，价格会更贵一些，而我不能在剩下的资金里啃掉太多。

这场经历很棒，我见到了野生动物，了解了保护区的工作，还短暂地享用了西式食物和西方人的陪伴。我很高兴能够宣传他们的故事，开心地准备继续上路。

在知道我是从马达加斯加的最南端走过来的而且还登上了沿途的最高峰时，我们遇到的当地人常常会非常震惊。很多村民不知道圣玛丽角在哪里，所以我只能说我们是从多凡堡走过来的。当我们询问一个村子还有多远时，人们提供的信息仍然完全不可靠——有些人说还有 7 公里，还有人说 10 公里或者 5 公里——于是我们就不再问了。有人说晚上走路不安全。但全世界的人都这么说。我想知道他们口中的不安全是指什么，因为这里的道路不像在越南那样繁忙，而我们在越南会骑一晚上的车。米害怕起来了，对于这些警告很是听从，但我遇到的马达加斯加人似乎都是相当容易受到惊吓的人。我还需要学习更多东西，我很肯定这一点。

在我们抵达的村子里，时不时会有一大群孩子尖叫呼喊。有些孩子会说，"给我你的钱，白人！"村子里常常没有食物，而且露营也越来越难，因为土地总是被想要收我们钱的某个人拥有着，当我们扎帐篷的时候，会有孩子们在一旁观看并哈哈大笑。有些人在友好的微笑和招呼面前做出刻薄或恶意的反应，这让我感到困惑。在镇上，我从一群十七八岁的男孩身边走过，其中的一个人举起一根棍子指着我，试图让我退缩；我向他举起了自己的拳头，他退缩了，惹得他的朋友们纷纷嘲笑他。五分钟后，一个人抱着自己刚出生的宝宝走到我前面，让我猛地停下了脚步；我不知道是什么状况，于是我就向小家伙微笑了一下，但是这个男子用手势说我应该给他食物。

我说自己什么也没有，然后继续向前走，但他抓住我的胳膊，把我拉了回来。我知道对于我遇到的人来说，除了我花的那点钱，自己徒步穿越他们的国家并不能提供多大帮助，不过我希望这有助于吸引其他外国人前往马达加斯加，从长远来看这或许能够帮助当地人维持生计。当地人不想知道这些——他们看见的只是一个四处溜达的外国人从他们的村子里穿过。

有一次，我们走了漫长的一天，结果找不到有干净水源的露营地。于是我们来到几座小屋旁，因为天色将晚而且马上就要下雨了，我们询问我们能否在田野里扎营以及他们能不能给我们做饭，我们会付钱。他们说可以；但是当我们扎完帐篷之后，他们说我们必须支付1万阿里亚里的安保费用，木柴费用是6千阿里亚里，烹饪也要收费，3千阿里亚里。这是很多钱，我又惊又怒。我们只能付钱，因为下起了大雨。我在帐篷里吃了米饭和面条，一晚上都睡得很糟糕——外面的狗叫了一整晚。

这一天我们在名叫安布西特拉（Ambositra）的城镇停了下来，这个地方有较大的建筑、黄包车和市场，我在这里刮了个胡子，干净清爽多了。我在酒店里吃了早餐，工作人员开始询问我的徒步，问我为什么要做这件事。米和别人说他想自己的家人了，想要回家。当酒店的工作人员发现我给旅途录了像的时候，他们似乎更加好奇了，于是我给他们看了一段电视采访，他们震惊了，问我是不是名人。我说不是，但是有些人对我的进展感兴趣。他们继续在电脑上浏览，看了我的网站的视频，然后他们的态度就变了。昨天他们还很粗鲁，管我要番茄酱的钱，现在非常亲切——还有一点羞愧，不过有些时候事情就是这样起作用的。他们看了我的泰拳视频，全都认为和那时相比，现在的我瘦了很多。

米那天早上喝了酒。我们抵达村子里时他总是让我紧张不安，因为他会偷偷跑开，去喝几杯免费的朗姆酒，接下来他就没办法专注于计划接下来的路程了。我们储备了食物，因为我们会有好几天都在丛林中穿行，前往我们的下一个目标：攀登伊比提山（Mount Ibity）。

从这里出发，地形变得多山且布满河流，当我们抵达作为登山大本营的村庄并且听到传统马达加斯加音乐的演奏声时，我们的心情很好。当地人围在篝火边弹奏乐器，唱歌跳舞。然后我注意到有一群年纪比较大的西方人在拍照并加入其中，我意识到这都是团队游旅行社安排的；而我此前遇到的所有类似场面,都是当地人纯粹为了自己而举办的。我发现自己暂时来到了一条旅游线路上,但是看到一台发电机真让人感到惊喜——这意味着可能有一台存放冷饮的冰箱。

第二天早上,我们得到了一个坏消息:我们必须花钱买许可证,因为这座山是私人拥有的。米前去和"拥有"这座山的当地家庭交涉。我不喜欢花钱才能攀登一座山的感觉;和蒙古不同,在这里的荒野,没有多少东西是免费的。我们原以为伊比提山位于国家公园内,但现在我们必须付 4.5 万阿里亚里才能登上它,而我为了削减开支,身上没有带额外的现金。在确定无法从附近获取任何现金之后,我意识到我们必须走到距离我们大约 30 公里的安齐拉贝(Antsirabe),它是离我们最近的城市,有自动取款机。取了钱之后我们再走回来攀登这座山。

与其抱怨眼下的情况,我只能硬着头皮把它处理好,而且我从沮丧中获取动力,就像我差点被疟疾逼得放弃这次远征时一样。如果我们必须走一整天的路才能拿回钱来支付爬一座山的费用,那就让我们出发吧。我必须坚持不懈。只有当什么地方出现差错的时候,那才算是真正的挑战。当你感觉自己要摔个狗吃屎的时候,才是你大放异彩的机会。当我们终于可以启程前去攀登伊比提山时,我们把背包留在了基地,还雇佣了一个当地向导,他说如果我们速度快的话,我们可以在 10 小时之内往返山顶。

这是美丽的一天,天气炎热并有微风吹拂,我们走得很快,步伐坚定,不过我们还花时间看了看建造于三百多年前的马达加斯加民居的遗迹;我们摘了水果吃,还往一个洞穴里面走了一小段距离,还没有人发现过它的尽头。向导向我们指出了叶片带刺的芦荟植物,伊比提山大约有十几个芦荟物种。我折断一根茎段,将液体擦在我被阳光灼伤的皲裂嘴唇上,这样做有舒缓和治愈的作用。当我们在岩石遍地的地貌中攀爬时,我感受到了摆脱沉重背包徒步的自由,决定第二天休息一天,去把我在下一路段不需要的某些装备寄走。我还要去国家公园办事处,核查一下之后我要爬的山是私人拥有的还是可以免费攀登的。

伊比提山的群峰海拔相差不大,不能一下子看出哪一座才是顶峰。我们刚开始庆祝登顶,才意识到 50 米之外的那座山峰还要更高一些。走过去需要 1 小时,而且很多地方需要攀登岩石,但我们终于来到了顶点,然后开始沿着陡峭的山坡下山,返回那个村子。我登上了马达加斯加八座最高山峰中的第三座,这是我北上徒步之旅的重大目标之一,登上它让我感觉很好。我现在真的进入了自己的探险节奏。

第二天早上,米来到我的房间,看上去焦虑不安——他好像在前一天晚上哭了一整晚,没有睡觉。他说他的孩子得了疟疾,他妻子慌了,一整晚都在给他打电话。这真令人震惊。我告诉他立刻回家,让孩子得到正确的治疗。我在那里给了他当向导的费用,这样他就有回家的钱了。我送他上了长途汽车,祝他的儿子尽早康复。米和我拥有真正的友谊,尽管我在他喝酒时对他很失望。在外面奔走的时候,他就像我的兄弟一样。我安排乔过来和我会合,然后用这天剩下的时间和我父母聊天,安排各项事宜。

乔在晚上就到了,我们在第二天早上出发,沿着小道径直走进丛林。我们在一个小村子停了下来,走向供应食物的小屋,只想问问路然后休息一会儿。那里的人似乎在拿我开玩笑,只为从朋友那里博得一阵大笑。我知道自己不应该被这种事烦扰,但在这炎热的天气下,当你又饥又渴还十分疲惫的时候,很难控制自己的心情。这让我更加感激那些十分好客友好的人,他们十分费力地用英语和我交谈,这可能是他们这辈子说出来的头几个英语单词。我们遇到了一群放学回家吃午饭的孩子，他们一看到我就逃之夭夭了。我很高兴看到他们如此充满活力，但可惜的是他们害怕白人。

我们的目的地是法莫赞科瓦山海拔 2367 米的（Famoizankova），它是我们从安齐拉贝前往塔那那利佛的途中遇到的三座高峰当中的第一座。我们现在正在沿着岛屿的中脊前进。我们走进被松林覆盖的群山，在那天的晚些时候登上了这第一座顶峰。在登山的日子里，我们会住在高地上，在沿途能找到水的地方扎营。为了寻找通向前方的路，我们用大砍刀在丛林里清理出了向前走的通道，身旁就是一座陡峭的悬崖。我们越来越急躁了，但我们必须在天黑之前找到露营的地方。群山向四面八方延伸，没有标记的小道有时候很难寻找。幸运的是，当天就要完全黑下来的时候，带着一身割伤和擦伤的我们走到了一块比较平坦的地面。天气很冷，所以我们把羊毛帽子和手套都拿了出来戴上。

当我们第二天早上在高山上醒来时，气温很冷，不过在炎热的天气下度过了如此漫长的时间之后，这么冷倒也感觉不坏。我的帐篷很潮湿，因为冷凝水滴在了我的睡袋上。我们收拾妥当之后迅速出发了，还有一座山要爬：海拔 2325 米的伊纳诺比山

(Inanobe)。我们走过稻田和山丘,还有用树干搭建的简易桥梁;马达加斯加常常给人以障碍赛的感觉。

有个人喊道:"嘿,白人,刚刚穿过我稻田的那个!"

乔笑了起来,说道,"没错! 怎么了?"

"你们带着保镖么?"

"我们不需要保镖!"乔喊道,然后那个人就走了。

乔和我相处得很好,一边走路一边讲故事,不时大笑一番。我们都充满了活力。当我们遇到非法伐木者时——森林开伐是马达加斯加的一大问题,乔会喊道,"你们不应该在这里,这是非法的!"我们听见他们扔下工具,开车逃走了。我们把他们吓跑了。

停下来吃饭时,当地人给我们指了一条路,他们说这条路应该能把我们带到伊纳诺比山的山顶。找到路之后,我们开始朝这面悬崖的顶端攀登;我们还没有从昨天的登山中恢复过来,爬得上气不接下气,但是我们咬着牙坚持,终于爬了上去。山顶的景色很美,一片平缓的草地上生长着松树。我们现在可以看到抵达塔那那利佛之前的第三座也是最后一座大山。它看上去很遥远,中间还隔着许多山峰,我们立刻继续上路了,没有时间可以浪费。我们在中途遇到了一家人并向他们问路。他们说上山的路很艰难,还嘱咐说我应该小心,因为山顶上有人正在杀白人。我希望他们搞错了,大错特错那种。

第二天早上,当我们朝着米齐亚法扎武纳山前进时,前方的群山看上去颇为令人生畏。我们又问了一些当地人,他们说他们自己走到那里需要一天到一天半,这是坏消息,因为他们没有沉重的背包,可以走得很快。我的预期是这段行程会花掉我们两天的时间。这是个炎热的上午,我们在向四处延伸的混乱小道上爬上爬下,爬上爬下。但是风景非常美,一座山谷之后又一座山谷,一座山之后又一座山,沿途点缀着古雅的小村庄,土地常常没有了树木,剩下长着矮草的柔缓草地。

乔走在前面,向一座村庄走去,那里的每个人都在外面忙着自己的事情,鸡和狗四处游荡,还有人在生火做饭。然而当我们两个人都走进村子的时候,人都不见了,只剩下狗和鸡,还有从窗户里飘出来的烟雾;所有人都逃走了。乔大声喊道我们没有恶意,但村子就这样被遗弃了。只有一个正在修理木轮车的老人是友好的。我对着他微笑,表明我没有敌意,然后我们问他为什么人们要逃走——人们一看到我就逃走的情况已经不是第一次了。他告诉我们,在

1960 年代，白人——尤其是当时统治着马达加斯加的白人——会在这个国家带着枪到处走，有时候会很残忍地对待马达加斯加人。所以那些从未见过西方人的人——因为现在很少有白人在丛林中走路了——相信所有白人都是来伤害他们的坏人，于是他们就会慌张起来，为了躲避危险而逃走。有人相信白人会偷走他们的器官。在距离首都这么近的地方遭遇这些观念，真的太令人惊叹了。我很高兴自己又学到了一些东西。

当我说我们将在三天之内爬完所有三座山时，乔说那是不可能的。当我们搜索需要爬的正确的山峰时，我的 GPS 告诉我的和当地人告诉我的不是一回事。我平时不太使用 GPS，但用它确认一下总是有好处的。每次我们登上一座山峰，总是能在远处看到另一座更高的山峰。情况不妙。

最高峰的峰顶有祭祀场所。为了纪念自己的祖先并得到他们的庇佑，马达加斯加人会宰杀牲畜用来献祭。宰掉一头价值超过平均月工资的瘤牛会让祖先高兴，如果你要结婚或者盖房子，这样的祭祀就尤其有用。所以最高峰的山顶有染血的岩石，有时周围还有一圈矮墙。乔说他根据这一点能够肯定哪一座山峰是正确的——然而我的 GPS 却做出了不同的判断。这太令人沮丧了,而我能看出乔累坏了,他只想赶紧完事好下山。但我强调了登上正确峰顶的重要性。

"不,不是这座——那座才是最高峰。"他说。

当我们来到他口中我们应该来的地方时,我们可以看出它显然不是最高峰。当他看出这一点时,他懊恼地将背包扔在了地上。我往回走下这座山,打算再攀登其他山峰。我注意到当乔走累的时候,他变得更加紧张和情绪化,他开始和我处处作对,老是进行不必要的争论——我们是一个团队,本应帮助彼此。当他确定自己在某件事上是正确的时候,他就会变得很难说服。他会说"1 英里有 2.6 公里",然后他就会固执地认为自己是对的。即使一番调查之后确认 1 英里是 1.6 公里,他也仍然很难接受这一点。大多数时候我都只是保持沉默。

正如我希望的那样,我们真的在三天之内登上了所有三座高峰的山顶,尽管他一直嘲笑这个想法。所以当我说我们要在第二天抵达塔那(Tana)而他回应道"别傻了"的时候,我终于发火了。但是我们在许多琐碎的吵嘴之后消除了误会,这很好。我们成功地一起登顶了三座高峰。

在前往"塔那"(塔那那利佛)的路上,他想在自己朋友的家停留一下,他说他们就像是他的家人;原来他们是帮助他远离街头生活的人,还给了他钱让他开始谋生。他们邀请我走进他们的家,还给了我们一些冰果汁。在我们再次出发之前,他们开始拎起我们的背包,还嘲笑乔的背包和我的相比有多轻——他们开始嬉闹起来,抓住他的帽子往下按。

马达加斯加岛的首都塔那是一座无序扩张的城市,从城市的边缘走到市中心都要大约 5 个小时。所以当我们抵达城市边缘并看到一家披萨餐厅时,我们立刻走了进去,每个人点了一张大披萨和一杯巨大的香蕉奶昔,还吃了冰淇淋当做甜点。与之前那些米饭和糖水相比,这些食物是可喜的变化,把它们吃进肚子里之后,我们喜不自禁地笑了起来,紧张情绪烟消云散了。我们继续前行,走进了城市。此时一场巨大的雷阵雨袭来,我们躲进了一家药店。这是此前为止我在马达加斯加见到的最猛烈的雷雨,所有人都在找避雨的地方,马路已经被淹没,变成了小河。乔害怕我们会被闪电劈到。

"雨一点儿都没有停的意思,"最后我说道,"我们要不要继续?至少路上基本没车了!"

乔不喜欢这个主意。"我们打出租车吧,"他说,想着要是走路的话我们会在瓢泼大雨里痛苦地度过几个小时。"我们都已经走到城里了。"

"我才不要打车！我们直接走到住宿地点的门口。"这仍然是冒险的一部分。

我穿上了自己的防水外套——我承认这没有什么用，然后我们就出发了，时不时趟过深至膝盖的水。躲在深处的人们无法看到我们的征程。但是那些躲在门口避雨的人在看到我背着背包走在街上时，都大声地鼓励我们。乔去了他自己的家，我和他道别之后去找吉勒斯，和他住在一起。

在吉勒斯位于塔那的住处，我那天晚上有一半的时间都在试图杀死落在我耳朵上的蚊子，每当我快要睡着的时候这些可恶的家伙就会来烦我。有些地方有蚊帐或者窗户上有防蚊纱窗，但吉勒斯的家不是这样的地方。第二天早上城市的噪音也非常令人难以忍受……在丛林里待了那么久之后，我真的不习惯了。我搬到了一家酒店，以便完成一些工作——准备装备，检查地图，备份录像和照片，给英国的制作公司发送录像。

我的下一个向导是麦克斯，Madamax 的首席向导，一个真正的丛林人，然而也受过良好的教育。我非常期盼和他一起徒步。我能看出来吉勒斯不想放他走——我在前面的徒步之旅中把乔和米折腾得够呛。麦克斯和我见了面,讨论了之后的路程。

按照直线距离,我已经走了这个国家超过一半的长度了,但接下来的几周会极具挑战性——超过了我的预期。会有一些河流需要我们对付,而且因为雨季已经开始,天气会极为不同。麦克斯说我们进入丛林的时间会多于我们不在丛林里的时间,而且前面的山比南方的山更高而且难爬得多。在最后这段漫长的北方路段,我还有几座山需要爬,包括马达加斯加的最高峰,海拔 2876 米的马鲁穆库特鲁山。这段路上的人口较少,尤其是在偏远的安齐拉纳纳省(Antsiranana)。我们可能会连续走 10 天甚或更长时间,然而途中看不见一个人,必须用丛林谋生经验和生存技巧在荒野中求生。

根据他对我说的来判断,听上去好像我就要开始一段崭新的远征了。我的兴奋和积极性又回来了。我们磨快了自己的大砍刀。我准备好了。

11

从塔那到贝拉纳纳：深入丛林

当麦克斯和我走出城市中心的时候，我们拿起报纸，发现上面有关于我们的消息。我们停下来吃早餐，老板想和我们合影。当我们踏上行程时，发现这是炎热的一天，而且我们在离开城市之后的头几个小时颇为繁忙。我们很快都起了水疱，在长达一周的休息之后终于重新回到了探险的节奏。但我们似乎很合得来，仿佛我们是老朋友一样。我们聊着天，时间过得飞快。

我们离开了国道，国道上的汽车总是冲我们鸣笛，而且和我们靠得太近，让人很不舒服。我们走到了越来越窄的小道上，这些小道在村庄之间穿行，并向四周的山丘和密林延伸。在海拔大约 1500 米的地方，风景美丽，空气清爽，我很高兴能重新回到丛林。我们找到了一些茶叶和覆盆子灌丛，还用一个钩子和一根线制作了钓鱼工具。当我们在一个小村庄停下来吃午餐时，两个年轻的男孩在一旁看着我，我的手机还有信号，于是我用视频给他们上演了一番神奇的效果，将苹果手机倾斜 360°就能看到来自全世界的影片。他们简直不敢相信：我给他们看了北极皮划艇和用鹰捕猎的蒙古牧民，他们激动坏了。

我们在森林中的一处空地停下来休息，麦克斯对我说这里是"男人的市场"，当地人每周都会在这里碰头，出售超级烈的朗姆酒。这个市场是非法的，警察会来抓人，不过当他们抓到人的时候只是没收一些朗姆酒当做"罚金"。我们看见一个人正在砍树，麦克斯上前与他对峙，问他为什么要这样做，为什么要让自己的子孙在没有森林的环境下长大。他说他是为了生存迫不得已，砍掉树之后他们才能在开垦出来的水田里种稻子，把米拿去卖掉换取食物。

景色美得令人赞叹：在林木葱茏的广袤山景之中，一条河从幽深的峡谷中央穿流而过。我们即将迎来第一次过河，河水呈浓奶茶的颜色，与深绿树叶的颜色混在一起，沿着河流两岸与柔和的山丘向远处流淌。因为没有桥或独木舟，我们只能涉水而过；水深只到我们的膝盖，我们到达对岸后，迅速洗了洗自己。我们时不时会遇到别人，互相打招呼说"Salaama"，我们可能会向对方询问下一条河在哪里。在一座村庄，一个之前和我们一道步行的当地男子给了我们一个罐子和一些木柴，让我们可以给自己煮一点面条和茶。我们遇到的第二条大河在我们涉水而过时淹到了我们的肚脐，所以我们只好脱光衣服。很显然这条河里有鳄鱼——它们在河流的下游处，不过没有什么会比知道有鳄鱼在附近更能让人警醒了。

当一场大暴雨来袭的时候，我们在一座小屋停下来喝茶。女老板被我正在做的事情打动了，给了我一些香蕉让我带着。我们在途中遇到两个十几岁的女孩，她们觉得我们走路去北方的行为非常好笑，我们给她们拍了一张背着我们的背包的照片。我们继续前行，来到一条宽阔的沙子路上，这条路走起来很轻松，于是麦克斯和我聊起了天，话题包括家庭、生活以及从我们头脑中冒出来的任何东西。其他时候，我们只是一边走路一边思考，倾听着周遭万物发出的自然之声，例如我们周围的群山和树木，还有远方深蓝色的雨云。被水淹没的稻田倒映出天空，我们还发现了一只彗星飞蛾——它比我的手还大,呈风筝状,翅膀上有鲜黄色的条纹。

有时候人们会和我们一起走进他们的村子,邀请我们到他们家里来,给我们食物和水,然后向我们挥手道别。接下来有个骑着自行车的人停了下来,告诉我们下一个村子里发生了枪击,两名土匪手持卡拉什尼科夫冲锋枪出现在那里,有一个男子被枪杀了。最后才发现枪手是退役的军队官兵,不是偷瘤牛的土匪,他们的目的是偷钱。一个女孩说她父亲三个月前就在同一个村子里被枪杀了。我们决定绕道而行;我们很渴,但是我们低着头,片刻也不敢休息,匆忙向前赶路。当我们遇到另一座村子的村长时,他说枪手已经被发现并且送到监狱里去了。麦克斯给人们看了那篇我们俩都在里面的报纸文章,然后他们那天晚上给了我们一个睡觉的房间——只是一个小小的房间,会有老鼠从屋顶掉到我的床上,但我们避开了雨。

我们抵达小镇安巴通德拉扎卡(Ambatondrazaka),由于麦克斯还不太适应徒步,我们决定在一家酒店住下来。我发现一家小餐厅,对麦克斯说第二天早上我要过来犒赏自己一碗可可米。第二天早上,我饥肠辘辘地来了,幻想着用冰凉的冷牛奶冲泡我最喜欢的谷物早餐。他们花了好长时间才给我拿来一个碗，然后是一个勺子，最后牛奶终于上来了——但它是滚烫的。我稍微发了一阵脾气——我如此盼望我的可可米，现在却被他们毁了！他们说我只要等牛奶变凉就好了。但我不想等，而且我不能忍受在这么热的天喝温牛奶。然后麦克斯向我解释了其中缘由。在这样的地方，他们不可能从冰箱里拿出两品脱的包装盒，从里面倒出牛奶。实际上他们只能挤瘤牛的奶，然后把奶煮沸杀菌。我感觉自己真是蠢，只好嘲笑自己出了丑。对于现代生活的便利，我们是多么习以为常啊！

当我们离开这座小镇时，麦克斯和我听到我们最喜欢的马达加斯加歌曲在某人的录音机上播放的声音。它是一首非常乐观昂扬的歌曲，立即振奋了我们的精神，让我们的脸上出现了大大的笑容。我们跟着唱了起来，一边走一边随着音乐跳舞。

山坡上的小片空地里坐落着茅草屋顶小屋构成的小型村落，土地一望无际地向远方伸展，四周都是被丛林覆盖的陡峭山丘和幽深的河谷。小屋的墙壁常常涂抹着已经开裂的泥巴，呈现出和地面同样的红色。山坡上有些地方长着茂密的森林，另一些地方已经被烧毁了。有一次我们听到从一座小屋中传出了圣诞歌曲的声音,这不禁让我想知道我的家人和朋友正在干什么。有些日子漫长而痛苦;我感觉背包又沉重起来了,再加上我损失的体重和力气,让我苦苦挣扎。

为了转移注意力,我开始询问麦克斯马达加斯加的习俗和仪式。在从前,如果一家子的男主人死了,按照传统所有东西都会被毁掉,小屋被烧毁,瘤牛被宰掉,这家人会一无所有。现在通常不会这样做了,但是在他们和逝者的关系方面,他们仍然会举办令人着迷的仪式。每2~7年的旱季期间,人们会把自己祖先的遗骨从家族墓室里挖出来举办翻尸节(famadihana),顾名思义就是把死者的尸体翻个身,然后举办宴会和舞蹈,表明他们对逝去者永不停息的爱。

我们停留在一个地方乘凉,那里的女孩想成为向导,于是她问了麦克斯很多问题。那里的人们给了我们每人一条小鱼。吃完之后我把我的碗放在地上,那位女士拿了起来,然后我把勺子也放在了地上。

麦克斯慌张地说道,"不,这是禁忌,不能这样做。"

马达加斯加人的方式是从勺子里吃东西,然后将勺子在水里蘸一下，递给下一个人。但人们没有感觉被冒犯——他们微笑着点头，明白我只是在学习他们的文化。

在这片森林地区的炎热和潮湿中北上，我迎来了这场远征的第 100 天。在这 100 天里，我并不是每天在走路，因为我曾停下来治疗疟疾，去见环保人士等等，但我很高兴能迎来 100 天这个重要时刻。然而两天之后，我发现自己非常情绪化，缺少积极性。对于完成这次远征，我没有任何疑问，但我不能从中找到乐趣了。很难解释这是为什么，毕竟景色美极了。扛过了 100 天的挑战，时时刻刻都要保持警觉，担忧接下来将会出现的障碍，大概是这样的经历从精神上和身体上把我给耗光了。享受当下此刻变成了很难的一件事。那种感觉就像真正的阿什·戴克斯不在这里，我必须等他回来一样。我把这种感觉归咎于对家人、朋友以及日常舒适生活的想念。我每天都会这样难过一会儿。

雪上加霜的是，那天开始下雨了，于是我们穿上了雨披，在寒冷和潮湿中走着，以为一定会度过一个悲惨的夜晚。走了不到 1 个小时，我们遇到了一座山村；每个人都在屋子里避雨，不过当我们敲响一座小屋的门时，一位女士和她的妹妹开了门，邀请我们到屋子里避雨,把自己身上弄干。我们喝了热饮,然后就带着一身疲惫入睡了。或许我的情绪大部分源自疲惫。姐妹俩照顾我们,给我们准备食物,还给了我们一个房间让我们睡觉。看到这里的人们彼此合作,互相帮助,一种感恩和温馨之情油然而生。在没有电力的严苛环境下,作为一支团队通力协作,令人生畏的挑战也变得容易了很多。见证这一切让我感到十分谦卑。这稍稍令我振作了一些。我提醒自己,就像他们一样,麦克斯和我必须继续作为一支团队互相帮助,才能克服路上的各种艰难险阻。与其目光放得太远,为前面的所有困难担心,不如在每个挑战来临时将它们各个击破——路是一天一天走的。失去积极性是一件可怕的事;你会对自己的人生产生各种各样的想法;但是你也必须要记住这只是一个阶段,而且必须熬过这个阶段。我还没有走出这个阶段,但是在这里的感受很有帮助。

道路把我们指引到无穷无尽的水稻田和沼泽地,我的鞋子常常陷在里面。在过一条河的时候,我摔倒了,我大腿的肌肉在重压之下没有做出及时的反应,就在脚下打滑的瞬间,我好不容易才拽住了自己的背包,没有让它被河水冲走。我担心背包里昂贵的电子设备;它们放在防水袋里,但过了 100 天,我担心防水袋会不会变得不那么防水。有一天当我们在空旷的山间穿行时,浓厚的雨云在我们身边聚集了起来。我们站在方圆几英里内的最高点,似乎正处于风暴的中心。天幕骤然打开,我们被冰雹袭击了,大概是因为海拔的原因。风很大,吹得冰雹砸在我们脸上。结果就像在蒙古遭遇沙尘暴一样,我们只能低下头,硬着头皮往前走。当我们扎营的时候雨下得太大了,我们连晚饭都没有吃,度过了又冷又湿的一夜之后,饿着肚子醒来的我们迎来了一个雾气迷离的早上,那感觉真的非常怪异。

有时候我们的地图会告诉我们,朝着沼泽地和河流的方向翻过巨大的山丘,那里会有一个村子。我们兴致勃勃地出发了,结果不久以后就发现自己来到了一个大池塘或者一片被水淹没的田野旁边,不得不原路返回。这种情况一再发生,好像我们来到了一片巨大的野战训练场,总是有令人意想不到的情况出现。我的积极性还没有回来,让我继续前行的是我的自律。有一次我在河岸上滑了一跤,摔在了混凝土上——很疼,但至少我没有摔进水里。这个村庄似乎消失了,于是我们决定必须停下来煮面条,往肚子里添点东西。数小时之后,下一个村庄似乎也消失了,这有些令人担忧,因为我只剩下一个口粮包供我们分着吃，此外就再也没有别的食物了。我们只好在这里扎营露宿。

第二天早上，我们在狐猴的叫声中醒来：有的优美，有的凄厉，有些是尖啸，有些是嚎叫。叫声从四面八方传来，来自不同的家庭和物种。我们站起来，向丛林中望去。它们躲在暗处，但叫声令人入迷。

然后让我们惊讶的是有人从这里走过。我们去问问食物和下一个村子的信息。他说下一个村子还要走两个小时，而我们只能从河里取水，因为这里没有别的水源。我们又遇到了两个当地人，他们给了我们甜甜圈，还给了麦克斯香烟，这大大振作了他的精神。

我们终于来到了这座小小的村庄，它是我们在许多天里遇到的第一座。小屋的颜色与山坡上的红土融为一体，妇女们把要洗的东西顶在头上走路。村子很安静，没有地方买食物，但一位女士说她可以给我们煮面条吃。经历了这些之后我感觉自己又积极起来了；我的情绪不知怎地振作起来了，于是我将情绪糟糕的那一章撇在身后不去管它，迎接下一篇章的到来。

经历了费劲的爬上爬下，翻过一座座山丘之后，我们来到了下一个村子,就在巨大的乌云聚拢起来的时候,有一家人允许我们和他们住在一起。这个地区的房子,墙壁和屋顶都是茅草搭建的,而且大街是宽阔的沙子路。我们所有人在被烛光照亮的地板上坐成一圈,吃米饭、面条和一些绿色蔬菜。这是他们第一次招待外国客人,我们所有人都很高兴。睡觉的时候我睡在地板上,旁边是四个孩子,大人和婴儿睡在床上,不过干干爽爽地睡在室内就让我很满意了。

我们带上一些香蕉出发了,在喧嚣、潮湿的丛林里穿行——昆虫的嘶鸣简直要穿透人的耳膜。麦克斯看见了一只小小的马岛獴。狐猴在发出不同的尖叫和吼叫——马岛獴是它们的主要天然捕食者,听到纯粹的自然之声,这感觉真的很美好。我们见到了各种颜色和尺寸的虫子和蝴蝶,有些非常大。我感觉自己进入了《阿凡达》电影的世界。我们走到一个观景台并向下看,眼前是令人惊叹的壮丽景色,绿色的丛林在一条山谷里生长得十分浓密,一条宽阔的河流在其中蜿蜒流淌。我们热得都要融化了,但日落时分下起了小雨。我们朝芒果树扔石头,想要砸下来一些果实。最后我们找到了扎营睡觉的地方,这里的虫子很大,躺在帐篷里的我都能听到它们爬来爬去的声音。

在圣诞节前夕,我们沿着一座几乎被淹没的桥过了一条河,来到一个小村庄,村子里有很多友好的人和过度兴奋的儿童。当地商店的老板邀请我们去他家的房子里住下。我们在房间里休息,一大群儿童挤在门口,探着头往里瞅,想要把我看得再清楚点儿。麦克斯让他们走开,因为他们挡住了门口吹过来的微风,但我偶尔会走到外面去看他们,用一些小把戏逗他们开心。这里的人真的让我有回到家的感觉;房子的女主人说她今晚睡到房子别的位置去,让我能睡在床上。这里几乎没有电,或许只有一块太阳能电池板,所以里面很黑,我们围坐在烛光下,一边喝茶一边了解彼此。我给他们尝了尝我的口粮包里的咖喱鸡肉香料饼,房子的男主人很喜欢,但其他人不置可否。

马达加斯加人通常在晚上 9 点就睡觉了,但那天晚上这家人和整个村庄一起去唱颂歌。这是马达加斯加人过圣诞节的传统方式。麦克斯和我留在房间里休息,但是充满热情的歌唱声音很大,一直持续到午夜,然后打鼾声代替了歌声。这是我永远不会忘记的经历。睡了没几个小时之后,我们在第二天清晨早早出发,向每个人道别,祝他们圣诞快乐。

这一天是阴天,很适合徒步,但是我们前面有15条河,穿过每条河都至少需要10分钟,因为过河之前我们得脱鞋,过河之后还得等待双脚变干。当地人经常要走这些路,但奇怪的是这里却没有更多桥。山路崎岖难行,森林非常潮湿。我爬上一棵芒果树,摘下来一些果实——芒果很适合徒步也很好吃,而且它能让我在途中有点事儿干。我有好几个小时都没有水喝,于是我挤出芒果的果汁喝了下去,直到我们抵达一座村庄并在一片田野中扎营露宿,有一条干净的小河从村庄流过。这是个美丽的夜晚。当地人一开始在远处盯着我们;然后他们突然给我们拿来了芒果、荔枝和木柴。受到欢迎的感觉太棒了。对我而言,在晚上露营时做饭是一天当中很棒的一部分,因为它给人的感觉相当好:走过很长一段路程之后,有帐篷隔绝昆虫和老鼠的打扰,盼望着睡一晚上的好觉。

第二天黎明,村子笼罩在薄雾之中,幽蓝色的天空仍然挂着一轮几乎圆满的月亮。我们以爬山开始了一天的路程,山路陡峭,天气很热,立刻就让我们大汗淋漓,但我喜爱这感觉。我意识到如果我只穿一双凉鞋,那么过河这件事就会变得更加轻松,因为我可以直接涉水而过,不用脱鞋。然而当道路因为下雨变得泥泞时,凉鞋有时会陷进地面,很难拔出来,这容易让人失去平衡而摔倒。有一次我们穿过了一条又宽又深的河,走的是一条完全被河水淹没而且看不到的狭窄步道。如果我们掉进河里,就只能逆着激流游上来。但是在这几周的北上之旅中,我逐渐习惯了所有这些河流,并且开始真正地享受它们了。它们是美丽的,砂质河岸之间流淌着奶茶色的河水,森林几乎一直延伸到岸边,绿色的山丘在远处浮现。我们状态很好,走啊走啊,几乎没有停下来休息。我碰见三条大蛇,每条都有大约一米半的长度——但是到目前为止,还没有碰到鳄鱼。

新年前夕是很好的一天,我们在一座铺着沙子路、名叫安察卡巴里(Antsakabary)的城镇休息放松并整理东西。这里的房子是用木头和泥砖建造的,金属屋檐很长,支在高高的木杆子上。在我们四周,披着绿装的群山向远方延伸。

我把这一天用来吃很多东西、晾干装备、洗衣服和清理背包里的垃圾。这里的食物很美味也很便宜。麦克斯出去看新年庆典了,但我们一致决定,我最好呆在屋子里,因为这个时候很多人都喝了酒,大街上容易发生冲突。我很高兴能早早入睡。前方的路程任务艰巨,因为我们想在两天之内抵达贝阿拉纳纳(Bealanana)，这是我们给自己设下的挑战；我不知道这有没有实现的可能，但是挑战让我充满精力，我渴望着出发。从地图上看，贝阿拉纳纳距离马达加斯加的最北端已经很近了。

当我们抵达贝阿拉纳纳之后，状况会再次发生变化，因为苏珊娜和利瓦加入我们。苏珊娜是我完成蒙古探险仅仅两三天后在乌兰巴托遇到的一个姑娘。当时她正在做一个关于蒙古西部猎鹰猎人的项目，所以她想向我和我的后勤经理罗伯咨询建议和意见。现在她答应作为职业摄影师加入我们的探险。

利瓦和麦克斯一样都是在 Madamax 为吉勒斯工作的向导。在我们即将一起穿越丛林和群山的下一段路程中，他的职责是帮助苏珊娜携带她沉重的设备——电子设备和摄影器材（我知道她一个人肯定应付不来）——以及她的食物和其他露营器材。利瓦和苏珊娜已经在塔那那利佛见面了，他们会和麦克斯的妻子一起乘坐四轮驱动越野车来到贝阿拉纳纳与我们会合。利瓦的英语不太好，但他懂法语，而苏珊娜会说流利的法语，所以他们可以交流。

无论是对于他们的加入，还是完成最后这一小段路程，我都非常兴奋。这场远征眼看就要圆满结束,已经走完了 75％ 以上的路,剩下的是冲刺阶段,只用四周或五周就能完成。

当我对麦克斯这样说的时候,他先是沉默了一阵,然后说道:"别立誓言。下个阶段真的会很艰难。"

我们将在雨季的山区跋涉,而且马上就要到飓风季了。道路正在变得越来越泥泞和艰难。我不知道接下来会发生什么。接下来前往贝阿拉纳纳的两天旅程给了我一点颜色瞧瞧,仿佛是在嘲笑我的盲目自信。

当我在凌晨 5 点醒来时仍然有音乐的声音,但我喜爱音乐,而且在新年第一天活力满满。我们喝了一杯豆浆然后就出发了。上路不到 5 分钟,我们就必须过一条河,然后整个上午剩下的时间都在爬一座很陡的山,这段路让我们出了很多汗,最后我们把衬衫挂在树上晾干,然后才重新上路。接下来的下坡路从比我们还高的草中穿过,还穿过了一条大河,那里的淤泥一个劲儿地把我们往下拽——然后我们发现我们走错了路,不得不拐回去再过一次河。除了这段插曲,我们还得躲避从树上掉下来的芒果,真是令人发疯。但那天晚上夜色晴朗,星空美得令人难以置信。

这里的当地人对走路习以为常。他们要走一整天的路才能走到市场,然后在那里过夜,购买他们需要的能够使用一周的东西,再原路走回去。但是第二天的行程甚至超出了我们的预料。我们走了 15个小时,而且最后 5 个小时走的是夜路。

我们穿过一片片废弃的水稻田,现在它们已经完全变成了沼泽地。我们脱掉自己能脱掉的衣服,在厚厚的淤泥里赤脚穿行,借着头灯的光看路。每走几步我们就会陷入齐腰深的淤泥,我们只能勉强保持平衡,因为淤泥正在让我们举步维艰。背包里装着我的所有电子设备,我可不能摔倒。这简直是地狱。我们已经确认自己走的是正确的方向,但是前方却没有一点儿人类生活的迹象——感觉是荒郊僻壤。淤泥下面的钉子和尖刺扎进我们的脚;我们身上到处都是割伤,我们的腿痉挛起来。最后我们听到了村庄发电机的声音,但是距离我们仍然很远。我们两个都筋疲力尽了,而且情绪很坏,没有耐心找路了,于是我们循着声音的方向径直在稻田里穿行,结果脚上的凉鞋丢的丢,坏的坏;其中有一截我们是在有人粪尿的污水里走过去的。有狗跑过来对我们咆哮,好像想要攻击我们。我们把它们吼了回去。

当我们来到贝阿拉纳纳的客栈时,我们的衣服撕扯得破破烂烂,我们身上到处都是泥巴和更糟糕的东西。唯一可以吃的东西是米饭和加工奶酪切片,这就是我们这天的晚餐,然后我们冲了个澡。另外两个人会在第二天抵达,然后我们将一起朝着马达加斯加的最北端出发,沿途经过最后三座大山。

12

抵达昂布尔角：河流，水蛭和小公鸡格特鲁德

在抵达贝阿拉纳纳的第二天晚上，街灯和马达加斯加音乐让这个地方拥有一种派对的氛围。苏珊娜对于加入我们感到很兴奋，我也很高兴和朋友叙旧。我们所有人坐在一个烧烤摊外面吃东西，相处得很好。麦克斯和我对他们讲述了我们前一天徒步的情况，他们哈哈大笑，说听上去可怕极了。利瓦的心情很好，他是个矮个子，但是他受的训练让他拥有一身线条分明的肌肉。我看得出他是个可靠的人，值得信赖。

我往后一坐，感觉既谦卑又自豪：在 25 岁的年

纪,我设法组织了一场世界级的探险,在艰难跋涉的同时成功地安排苏珊娜和利瓦加入了我们的行列。我对这个团队感到兴奋。锦上添花的是,我接到了我爸打来的电话,他和我叔叔卢克已经订了机票,要在我旅程结束的时候到马达加斯加来看我。我真是热爱我的生活,对一切都感到激动无比,乃至于那天晚上夜不能寐。

我们出发了,并且开始步入正轨。当地人修好了我弄坏的凉鞋。苏珊娜开始录像和拍摄。第一天晚上,我们所有人挤在一个小屋里睡觉。我们突然发现屋子里有一只大蜘蛛,大约是我手掌的一半大小,苏珊娜让我们把它赶出去,不然就不让我们睡觉。

第一个难题发生在曼金德拉诺(Mangindrano),它是我们开始登山之前能够补充食物的最后一个聚居点。我们本来以为这会是短暂的一站,只用停留一个小时左右,然而我们攀登这场远征的最后一座高山马鲁穆库特鲁山(在此之前我们还要攀登其他两座山)所需的国家公园入园许可出了问题。当地官员告诉我们,这座国家公园只对科学研究开放,要想获得登山许可,我们必须回到塔那那利佛,到国家公园管理部门盖章和办理邀请函才可以。这附近没有卡车或公路,而我和麦克斯从塔那走到这里花了一个月的时间。我们显然不会为了一纸文件走回去。事实上我们不会为了任何东西走回去。

我们尝试了所有办法。我们给旅游局打电话,他们表示无能为力,这让我很生气,因为他们也是团队的一部分,而且之前已经给了我们进入所有国家公园的权限。吉勒斯和他们在电话上争论,但是他也解决不了任何事情。整个计划已经确定下来八个多月了,每个人都知道这个计划,所以如果需要某个许可的话,应该有人能发现这一点。我怒气冲冲地发了火。

第二天早上,因为没有人能够帮忙,我们决定到时候只管去登上它就是了。我不会为了一份许可去冒毁掉这场远征的风险。我们对主管官员说我们不会进入那座国家公园。反正我们只在里面待一两天,因为这座国家公园的土地上只有马鲁穆库特鲁山的山峰。麦克斯对此很紧张,他担心我们被持枪的军人拽回来。但我认为我们别无选择,只能硬着头皮上。

但是在离开之前,我们还要安排另一件事。当地人说我们在攀登最高峰也就是马鲁穆库特鲁山的时候,必须带上一只白色小公鸡——我们不能让国家公园管理处的人员看见它,它会在我们攀登这座山的时候让邪灵远离我们。我们只能从这里带公鸡,因为从这儿到山上一路都不会再有养着白色公鸡的村落了。

我们弄来了一只,它是个害羞的小家伙,我给它起名叫格特鲁德。所以格特鲁德必须先和我们一起在接下来的两至三周内爬马鲁穆库特鲁山之前的两座山,然后我们将在马鲁穆库特鲁山的山顶将它放生作为献祭。我们还必须带一小瓶朗姆酒和一小桶蜂蜜;在山顶我们必须把二者混在一起喝下去,这样邪灵就会允许我们安全下山了。

我们有了格特鲁德,我们有了朗姆酒,我们有了蜂蜜,于是我们就出发了。我把格特鲁德抱在手上——我背包的顶部口袋对它来说太热了。它站起身来高一英尺,但是身材高瘦,体重很轻。所有当地人都聚集在我们身边——我觉得他们喜欢我们的陪伴,与我们挥手道别,而我们走向三座大山,第一座是安博希米拉哈瓦维山。

现在是雨季,河流变得更宽更深,地面变得更加泥泞。但我们都很兴奋,兴致勃勃地坚持前行。有个当地人和我们走的是相同的方向,他让我们跟着他走到他和自己的妻儿居住的竹棚,在那里吃点东西,再往前就什么也没得吃了。他教会了我们一种驱赶水蛭的方法:采集烟草叶片,放在火上烘烤一会儿然后揉碎,与烧火剩下的灰混合起来,然后涂在皮肤上揉搓。我们采了一小桶烟叶,然后他指引我们走上从丛林中穿过的山脊,并祝我们一路好运。

我从这里开始领路,也就是手持大砍刀在灌木丛中开辟出一条道路。路很陡而且丛林茂密,是我到目前为止走过的最困难的爬山路,不过有红额狐猴在我们头顶的树上号叫,跳来跳去。挪动一丁点儿距离都要花费漫长的时间。当我们进入一片死掉的竹林时,速度变得更慢了,挥动好几下大砍刀才能砍倒一棵竹子。我们有一阵儿没有看指南针,结果发现我们绕了个圈。

我们一整天只走了五英里。心力交瘁是最克制的形容。天已经黑了,而我们找不到水,所以我们只能砍掉足够多的竹子,清理出一片可以扎营的空地,然后冒险把我们用瓶子带上来的水都用光。

"明天又是新的一天,"我对麦克斯开玩笑地说,他笑了。这句话几乎成了我们的口头禅。

我们用一根绳子把格特鲁德牢牢地栓在一棵树上。苏珊娜和我决定坐在外面吃饭,直到我们看见十几只水蛭朝我们爬过来。我们低下头看看自己,发现身上已经有了好几只。苏珊娜尖叫起来，我们赶紧撤回了自己的帐篷。格特鲁德最后躲在了我的帐篷上面。

第二天，我们费尽心机想要登上这座山的山顶，但它似乎遥不可及。我们砍掉了丛林里的各种植物，从那些把你绊倒、夹住你的脚踝和把你压住的藤蔓，到那些把硕大叶片往你脸上戳的树木，再到从地面往上冒的新生竹子，都在砍伐之列。这可把我们给累坏了。我们必须保持距离，以免走在前面的人擦身而过的树枝打在后面的人脸上。我们必须小心水蛭，它们会从树上掉下来，落在我们身上，在竹林间穿行时我们还必须把背包从背上卸下来。我们用手抓着树艰难地攀登，脸几乎贴在峭壁上。

我手持大砍刀一边在丛林里艰难前行，一边对着苍蝇吼叫……去你的，马达加斯加——你打不倒我！这很蠢，但是愤怒有助于让我保持前进。有时候我会录下自己这种发泄怒气的方式，然后我会在当天晚上回看这段录像，考虑要不要把它删掉。但我一直保存着它。

我们尝试了许多种选择，径直向上走翻越这座山，顺着地形绕过它，或者向下走到河边。我们就是不知道该做什么或者该去走哪条路。我们已经奋战了几个小时,但是此时距离我们那天早上醒来的地方只有几百米。

我们决定最后再尝试一次,不直接向上爬而是绕过山脊。在灌丛中披荆斩棘地走了 6 个小时,总路程长达 1.5 英里之后,我们最终来到了一个地方,它看上去像是峰顶。小伙子们想让我相信这就是峰顶,但我深知他们知道这并不是峰顶,只是他们想赶紧下山了事。我知道尽管这一天过得很艰难,但我们必须继续努力,否则我会感觉我欺骗了自己。我指向真正的峰顶。

"别放弃啊。让我们继续吧,完成这项任务。"

于是我们继续出发并发现了一条小道,我们沿着它缓慢地向前走。天就要黑下来了,而我们遇到了一处水源——这里的水必须煮沸过滤,因为里面有水蛭——并决定再次在诡异的死竹林中扎营。我们当中的三个人继续往前走,留下利瓦在这里烧水做饭。我们直奔顶峰而去,最终成功登顶海拔 2301 米的安博希米拉哈瓦维山,感觉真的很棒。

这里没什么可看的,只有雾气和浓密的丛林,树枝上挂着攀援植物和苔藓。我敢肯定基本上没有什么人爬上来过,更不要说西方人了。我们原路返回,围绕在营火旁庆祝。然而之后钻进我的帐篷里时,我又紧张地担心起下一座山了,也就是安多汉尼桑布拉诺山(亦称桑布拉诺山)。明天又是新的一天。

但是第二天基本上和前两天一样——用尽一切办法登上第二座山。我们下山的时候遇到一条河,在瓶子里装满了水,然后考虑选择两条路中的哪一条,一条是沿着这条河向上走,另一条是直接上山。我喜欢第一个选择,但小伙子们选择第二个,于是我们就向山上走。我们还没反应过来的时候,脚下的路就已经消失了,于是我们再次用砍刀在丛林里砍出一条道路。我们时不时停下脚步,放下背上的背包,然后派两个人去前面找路;在这个过程中,我们用口哨来寻找彼此的方位。但这实在是太艰难了,而天就要黑了。我们走了 2.5 英里。我们的情绪都非常低落,在丛林里走了 3 天,一共走了 7 英里。我们不能像这样走——这会花我们好几周的时间,到时候我们会断粮的。我们在一面陡坡上,没有地方可以扎营,于是我们返回了吃午饭的地方,那里是又一片需要砍掉铺平的竹林,而这一切需要凭借头灯发出的光才能做到。我们钻进各自的帐篷,除了干面条什么也没吃。

第二天,我们回到了那条河边。沿着河边逆流而上的道路一开始很有希望,到生火做午饭的时候我们都感觉很乐观,还用竹子给做饭的锅做了一个支架;但是下午这条路却开始消失了。当地人不会在雨季走进大山,所以道路重新长出了植被,我建议我们在河里面走。我们在头一两个小时的进展比较好,但是然后竹子覆盖了河流,而且某些河段比其他部分深得多,岩石湿滑,在河里行走真的很不安全。

随着我们的继续向前,我们注意到两侧的峭壁此时陡峭得仿佛高悬在我们头顶,所以不可能再沿着它们爬上去了。最后我们的噩梦变成了现实:一条瀑布挡住了我们的去路。如果我是单枪匹马而且背包里没有装满电子设备的话,我或许会尝试爬上去,但我现在还得考虑包括苏珊娜在内的其他人,更别提格特鲁德了。

此时我们已经穷尽了所有选择,只能沿着来时的路返回,从头再来,包括再次翻越马达加斯加的第八座最高的山峰。至少我们登上了那座山,真的完成了任务。原路返回好几天的行程真是令人伤心,但我们吃完了自己的所有零食。如果我们回到曼金德拉诺,我们就能补充食物,重新评估我们的路线,或许还能找一个向导。

我们保持着积极的心态踏上归途。走回河边时我们补充了水,此时一场大暴雨不期而至。我们穿上防水雨披,开始爬山,时不时停下来拔掉被雨水从树上冲下来然后落在我们身上的水蛭。我们必须查看彼此的身上并拔掉看见的任何水蛭。苏珊娜的防水雨披似乎比任何东西都吸引水蛭,她身上爬了许多水蛭,有些还钻进了衣服里,脸上也流着血。利瓦和麦克斯穿的是短裤,所以他们的腿都在滴血,而这场雨让一切更糟了。我的身体遮盖得严严实实,但我发现自己的脸上爬着两只水蛭,赶紧把它们拔了下来。

几个小时陡峭的山路之后,我们爬上了山顶,接着又回到了之前在竹林里露营的地方。不知怎地,尽管遭遇了这一切,我们仍然情绪高涨,盼望着回到曼金德拉诺给我们的电池充电,然后找到一个认识路的人。就连格特鲁德看上去也很高兴和我们待在一起。它需要我们,我们也需要它。

凌晨五点半:在冷得需要戴上羊毛帽子和手套的天气下醒过来,感觉真的很糟糕;但是更糟糕的是得先穿上湿漉漉的透气短裤、袜子和长裤。

用一块饼干当早餐,然后我们就继续上路了。我按照 GPS 沿着来时的路返回,不过与此同时我找到了一条捷径,将原来 4 个小时的披荆斩棘缩短到 30 分钟之内。但走这条路意味着会弄得全身湿透。

我们沿着湿滑的陡峭斜坡向下走。苏珊娜很不喜欢这种感觉,两天前她重重地摔了一跤,差点被一根尖锐的竹杆戳到,当时就摔得不轻,一直疼到现在,此时又在不停地打滑摔倒。我们保持着稳定的步伐,而水蛭仍然在攻击我们。下起雨的时候,我们已经懒得穿上雨披了。我们只是想赶紧回到曼金德拉诺。我们到了为第一座山指路的那个男子的竹棚,并询问他是否愿意指引我们登上第二座山。他似乎很不确定。

经过 8 小时的步行和在泥水中的摸爬滚打之后,我们在下午回到了曼金德拉诺。走进村子里时,我们听到了敲鼓的声音。我被拉进一个房间,身上被人裹着一条披肩,有人递给我一个装着啤酒的金色酒杯,让我坐下,然后当地人以一种疯狂的方式围绕在我身边跳舞,演奏他们的乐器。这是一种灵性仪式,人们通过演奏音乐、喝朗姆酒以及跳舞的方式召唤灵体。声音很吵,而且有一名女子正在以一种诡异的方式跳舞,一个男子对我说她体内有灵体。看上去这里有一半人的体内都有各种各样的灵体。

我们直奔此前的住处,然后去了做炸香蕉的女士那里。另一个女子开始准备米饭和豆子。临近日暮的阳光从乌云背后照射出来,我们赶紧把装备晾在竹篱笆上，然后跑去河里洗澡。和往常一样，我狼吞虎咽了许多食物；饿了好几天之后这样暴饮暴食可不是个好主意。我们笑着谈论起过去几天的探险。丛林把我们狠狠地嚼了嚼又吐了出来，然而我们还要回去探索更多。

更可笑的是，格特鲁德已经和我们混熟了而且总是跟着我们。我们把它留在屋子后面，让它和其他鸡在一起，但是它设法跑进卧室，跳到窗台上，好奇地往下看。它在那里过了夜，而且看上去很期待和我们攀登更多山峰。

我们确定了一条新路线，先穿越到山脉的另一侧，沿途停留几个村庄，我十分兴奋，准备出发。苏珊娜弄伤了腿，说要走，但我鼓励她先试一下。其他人也逐渐受到了鼓动。

幸运的是雨停了，于是我们背着沉重的背包出发了，里面装满了接下来两周的食物。距离下一个村子只有6公里，但雨破坏了道路，所以我们又得面对水稻田、河流和泥巴。在这个村子里，我们了解到我们将要前往的山口禁止在周二穿过，于是我们留在村子等待，找了一个大房间休息，里面有两三只大蜘蛛。当地人涌进这个房间看我们吃东西，到了晚上利瓦疯狂地咳嗽和打呼噜，弄得大家都睡不成觉。

第二天早上阳光灿烂,真幸运,但脚下的道路再次让我们穿过河流和厚厚的淤泥。我们沿着湿滑的山路向上爬,但总是一遍又一遍地滑下去,还老是摔跤。下了雨之后又被瘤牛踩踏,路被毁得一塌糊涂。苏珊娜用至少 5 种语言咒骂这一切。我陷进了泥巴,又把我的凉鞋弄坏了,于是我换上了训练鞋。

我们终于走出了丛林,来到更开阔的山区。山口的景色很美,但我们必须保持专注,因为山崖很陡峭,有的地方很危险,我们沿着这些路走了几天。在一个小村庄里,我们停下来煮面条,但我不小心烫到了自己,把碗里的一半面条都洒到了地上。格特鲁德开始替我吃地上的面条,然后其他鸡开始聚集过来。格特鲁德把它们轰走,还攻击了其中的一只鸡。我知道它曾经赢过三场斗鸡比赛,于是我把它拉了回来,制止了这场斗殴。

我们在第二天早早醒来,迎接炎热的阳光和湛蓝的天空,村民们正在忙着碾米和做其他杂活。我没有什么胃口,但还是勉强吃了点东西。我们向上爬到一座小村庄,热得令人受不了。我们在河边休息,让格特鲁德喝点水,凉快一下。这太难了,我一点劲儿都没有了。我很想知道自己是不是应该从北到南反方向穿越这座岛,这样的话就能有更多力气爬这几座山了。

4 小时后，我们来到了荒郊僻岭中的村庄安帕尼（Anpany），这里的当地人对我们说，他们觉得我们要去的桑布拉诺山是不可能被登顶的。他们认识一个对这些山的了解胜过任何人的向导，外号叫"山人"，他已经 50 岁了，身体非常好。此时他正在稻田里劳作。于是我们决定等他回来并在这里过夜；他们刚刚宰了一头猪，所以我们盼望着晚上有肉吃——利瓦对此尤其兴奋。我在河边洗了个澡，看见一条蛇吃了一只青蛙。我洗了我的袜子，然后在我们的小屋外听着音乐放松自己，而利瓦出去找那个向导去了。

之前我就注意到自己的手臂上有两个肿块，它们本身是白色的，四周泛红——是某种感染么？现在仔细观察之下，可以看到皮肤上有被刺破的洞。当地人说看上去像是被蜘蛛咬的。肿块起了水疱而且里面充满脓液，于是我必须将它们遮盖起来。桑布拉诺山的顶峰此时距离我们已经不是太远了，但我们知道前方将会是一段艰难的行程。麦克斯看上去很担心而且很沮丧，这也影响到了我的情绪。我们看到大雨倾泻而下，知道这是待在山里的错误时间。在 11 月至次年 4 月的雨季，马达加斯加经常被大型热带飓风袭击,这会带来危险的暴雨和狂风,导致大面积地区被淹和泥石流,造成当地人的伤亡。

"山人"名叫勒马罗,他在第二天一早就过来了。他说自己从未登上过桑布拉诺山的山顶,而且不知道是否有任何人登上去过。吉勒斯带人途经他的村庄前往马鲁穆库特鲁山时用的向导就是他,但在他50年的人生里,从未有人要求他登上桑布拉诺山的山顶——他认为自己的父母都没有去过那里。

这真是糟糕的消息。不过他的确知道上山的路。他不想把我们带到山顶,因为他觉得不过是一面峭壁而已,而且他对于独自下山感到担忧;此时河流迅猛,我们需要发挥团队合作的精神才能穿过它们。但他可以把我们带到能够给我们指出上山路的地方,告诉我们正确的前进方向。

我们思考了一下,决定让苏珊娜和利瓦留在这里,以免出现什么意外,只有麦克斯和我会登上那座山,这样的话我们还可以把不必要的装备留下来,轻装前行。我们吃了丰盛的早餐然后就出发了,希望能在那天下午登上山顶并在一天之内往返——勒马罗说从这里是可以做到的。我们做好了准备,决心完成这项任务。一开始他不慌不忙,还会停下来和人说话,这让我以为目的地一定很近了。然后我们迈入了一如既往的套路,过河、陡峭的爬山和湿滑的道路。乌云遮住群山,雨落了下来,我们在丛林中砍出一条道路。正当我以为我们要走一整天时,勒马罗突然停了下来,对麦克斯说。

"就是这儿。"

安多汉尼桑布拉诺的意思是"山的源头"。这位向导以为我们想去的是水源地而不是山顶。麦克斯和利瓦花了那么多时间解释——然而我们却来到了错误的地方。麦克斯试图说服我来到这里也算能够交差,但他知道任务本来是什么。我真是瞠目结舌,和他争吵了一番。我们能看到需要爬上的那座山,但是山峰被云雾遮住了。我尝试使用GPS,但是根本找不到它,因为这座山没有标注在 GPS 里;GPS在此类事情上往往毫无用处,使用地图和指南针的效果会好得多。勒马罗说他会留下来帮我们爬上山顶,他真是个好人,因为他比任何人都了解这片森林,而且他知道我们很有可能迷路。

我们发现了一条小路,但此时已经是临近日暮的时候了,很快就会天黑,所以我们朝更低处走去,找到了一个露营的地方。我们清理掉竹子,用竹竿支起一个小棚子,还用藤蔓将它绑结实。因为没有水源,所以我们把碗拿出来,收集从棚子上流下来的雨水,还用竹子给我们的锅做了一个支架。一点丛林生存技能。勒马罗抓到了一只名叫马岛猬的小型哺乳动物,把它煮进了米饭和面条里。我花了一点时间将地图上的山与 GPS 对应起来,最终成功了,而且没错,我们看到的就是正确的那座山,安多汉尼桑布拉诺山:海拔 2501 米,是马达加斯加的第五高峰。它距离我们有 2.5 英里,所以我们第二天上午就能一睹它的真容了。

一切都很顺利:我在 GPS 上确定了它的位置,我们找到了要登上的山,只需要登上它就是了。说起来总是比做起来容易——但现在我们的向导是一位经验丰富的真正的丛林人,这片丛林在他眼里就像一座公园一样。我们决定把帆布背包留在小棚子里,这样我们能走得更快一些。我们大部分时间都在砍出一条道路,与此同时又爬又钻,想尽办法穿过去。我们在身上弄出了很多割伤。一些带刺的攀援植物缠在我们身上,像剃刀一样锋利的竹尖从地面钻出,还有一种粗壮的植物将我们绊倒。我们在 4 个小时里只走了半英里,我开始担心了。

正当我们从丛林中走到湖边的一块空地上时,勒马罗突然转过身来,用手势示意我们不要作声,然后小心翼翼地向前走去。他用手指着水面上的鸭子。它们是一家或两家鸭子,带着雏鸭一起游在水上,亮白色的眼睛在浑身灰色的羽毛中显得十分突出。感觉到我们的存在时,它们飞走了,勒马罗向我们解释道它们是潜鸭,只分布在这里和拉努马法纳——实际上它们是世界上最珍稀的鸭子。他从小到大都在听说这种鸭子,但此前从未见过。他似乎对于今天的所见感到非常满意。

然后我们又重新摸爬滚打,披荆斩棘。这十分耗费精力,有时候还很痛苦,但我们正在靠近山顶。麦克斯把他潮湿的衬衫忘在了后面,我们回去把它找了回来。最后我们终于登上了浓密丛林环绕的山顶。身处从未有人涉足的荒野,这感觉太奇妙了。

我向外界发了一条快讯,做了记录,然后就掉头往回走。下山的路很长,乌云聚集起来,将我们的视线遮住,还带来了大雨。我们在下午 6 点抵达棚子,生起了火。我没有干的上衣了,而今天晚上会很冷,于是我将头部靠在火边睡觉。我们很饿但是情绪高涨,又冷又湿,浑身都是割伤和水蛭,一边哈哈大笑一边发抖,烤火取暖的时候几乎都要挨着火了。我们已经登顶了这座令人畏惧的山。

当我们在第二天走回去和其他人会合时,我发现自己的长裤被某个当地人偷了,所以我没有干裤子可以换,只能一直穿着身上的这条湿裤子。我帮忙做了一些甘蔗茶——努力很大,回报很少。这里没有奢侈或享受——每一餐都是米饭。我们设法弄来一个煎蛋卷,当做米饭的配菜四个人分着吃。另一项选择是木薯粉,这种食物吃起来像是淡而无味的麦片粥。我们经常讨论在西方世界喝一杯茶或者弄点吃的是多么容易,出来之后的情形是多么不同。

下一个目标是登顶马鲁穆库特鲁山,第八座也是最后一座山。当地人提醒我们注意两条大河。第一条河不是很深,但是水流很急,我们作为一支团体互相帮助地过了河,把背包顶在自己头上保持平衡。一天早上醒来时,一大群狐猴包围了我们的营地。我们在面前挥舞树枝,驱赶不断飞过来的小苍蝇,它们的目标是我们的眼睛、鼻子、耳朵和嘴巴。我开始一瘸一拐。我的训练鞋已经湿透好几天了,里面的沙子正在磨我的脚。麦克斯说我需要用火把我的鞋和袜子烤干并让它们保持干爽。第二天刚开始我的脚感觉好一些,但是没过多久又开始痛苦不堪。我借了利瓦的人字拖,比我的尺寸大了足足三码。我要穿着它登上美丽的马鲁穆库特鲁山,它现在已经出现在我们眼前了。

在最后一段攀爬之前，我们将背包放在山坡上并盖上防水雨披，只带着我的卫星电话、格特鲁德、朗姆酒和蜂蜜。我们很快都浑身湿透了，而这段路似乎永无尽头。我们预计会花两个小时，但实际上走了 4 个小时，因为路面生长了植物，两位向导有些迷路了。苏珊娜走在几块岩石上时狠狠地摔了一跤。

我怀里抱着格特鲁德，开始下雨的时候它试图挣脱逃走，因为它讨厌下雨；我必须紧紧抓住它直到登山山顶。终于成功登顶时，我们都要冻坏了，所以我们没有理由逗留太久。我们很快就解放了可怜的格特鲁德，它也冻坏了，得到自由之后就躲进远处的岩石里避雨去了。我们喝了一些朗姆酒和蜂蜜。我试图向外界发送信息，但我的手太湿了，操作不了电话。

"好吧，我们已经登顶了，"我说。"让我们下山吧。"

我非常想赶快远离这座寒冷还下着雨的山，但这个过程并不容易。雨和风非常可怕，我们在湿漉漉地滴水，地面上形成了小河，闪电就在我们头顶轰然作响，我们一整天都辨不清方向。麦克斯找不到下山的路了，我们总是来来回回地走，寻找他知道的那条河。真是太令人沮丧了。我们发现了一条河，但麦克斯说不是这一条。雨下得更大了，我们被迫砍下树枝，在山上搭了个避雨的棚子，感觉自己十分脆弱。这太糟糕了，简直令人精神崩溃。

最后天气终于放晴了。我们爬上一座视野比较好的小山，于是麦克斯现在能看到我们需要去的地方了。

我们向下穿过了一段艰难的地形，大约一小时之后，我们来到一条河边。利瓦和麦克斯用马达加斯加语说了一会儿话，我以为出了什么问题。麦克斯继续往前走，当我们从后面跟上他时，苏珊娜问道：

"是这条河么——你认出它来了么？"

"不是，"他说。

我懊丧不已，把背包扔在地上发泄。

"开玩笑的啦！"他说。

我觉得大家全都欢呼雀跃了。

当我们终于可以扎营的时候，我把脚上的胶带扯了下来，结果连脚上的皮也一起带了下来，疼得要命。但是终于大功告成：我成功登顶了马达加斯加的八座最高的山峰，感觉真是太赞了。

当然，我们还必须前往这座岛屿的最北端。

下一条大河太深了，而且水流太急，我们不可能蹚过去。麦克斯在过上一条河的时候已经弄丢一只鞋了。我们意识到我们必须造一个筏子。于是我们从灌木丛中搜集材料。这花了我们几个小时，但我们成功地用一种长草为绳，将竹竿绑在一起，做成了一个竹筏。我们把两个背包放在上面，然后将搭帐篷使用的拉绳绑在一起，做成一根长绳，让利瓦拿着它的一头游过河去。他在河对岸拉着长绳的一头，而我们将竹筏系在另一头上，一次一个地过了河。此时的河流迅猛非常，令人胆战心惊，很显然我们不应该在这个季节来到这里。这次过河花的时间太长了，我们只能吃点芒果果腹，然后匆匆上路。我很高兴有利瓦在。他总是积极且乐观。当我们手忙脚乱地在雨里搭棚子的时候，他都会吹起口哨。有时我会在他没有察觉的时候观察他，看到他也有被负面情绪笼罩的时候，但是如果他看到我正在看他，就会在脸上挤出一个勇敢而灿烂的微笑。

下一个村庄只有几个小屋，麦克斯认识这里的一些人，他们给了我们肉和米饭吃，真是美味。他们说我们不能走麦克斯知道的那条路，必须走另外一条，因为雨季徒步实在是太艰难了。我建议给他们当中的某个人付钱，让他带着我们走，以免迷路或者走错路。他们去屋后商量了一下。刚开始他们是拒绝的，然后有个人说他可以去，但是他得在明天早上回来，所以他只能在那天晚上带我们过去。我们将在黑暗的夜里走上艰难的道路，但我们对他的应允感到很高兴，决定就这么安排。

他的步伐很快，领着我们在瓢泼大雨中翻越山丘、沼泽地和各种地形。沙子钻进了我的人字拖和袜子里，它们比我的尺码大了三号——这让我痛苦不堪，拖慢了我的速度。当我们登上山顶的时候，夜幕降临了。我拿出我的头灯，它的电量不多了。我脚下一直在打滑磕绊。最后我们终于来到了干流马哈瓦维河（Mahavavy）。

新向导先过河放下了自己的东西。正在下着小雨，天色漆黑，而且水流湍急得很。我们必须牵着手形成一个结实的链条，一起趟过去。我们全都手拉手开始过河，但是随后我们遇到了水流最强劲的一段地方，必须在此处爬上一块被淹没的岩石；这意味着齐腰深的河水在这里会深及我们的胸膛。向导是第一个，然后麦克斯费了很大的力才过去，然后苏珊娜尝试走过去，但是脚下打滑了。她试图重新站稳的时候，麦克斯和我在两边拉着她。她面朝错误的方向，我努力压过河流的咆哮对她喊道她必须转到另一边去。这意味着我必须放开她的胳膊，于是我等到能够确认麦克斯已经抓稳了她不让河水把她冲下去，而且她也稍微站稳脚跟的时候，就把她松开了。他们全都在挣扎：在这漆黑的夜里和急流之中，有一个人滑一下，他们就会都跟着往下掉。她尖叫起来，但小伙子们最终把她拉上了那块岩石。

从险境中脱身的苏珊娜在惊吓和匆忙之中猛地向安全的地方走，误伤了麦克斯，让他摔在了一块岩石上，因为他们仍然是彼此相连的。但是他们成功了，现在只剩下我和利瓦了。然后向导回来帮助我们，我们又开始牵着手尝试过河。我们的背包很大，而且我们一走进急流它就在用力推我们，差点把背包卷走。我们此时在踮着脚走路，而我的脚穿着尺码过大的拖鞋，没办法很好地在岩石上着力。我滑了一下，水一下淹到了我的下巴，我在水里摇摇晃晃，用尽全身力气抓紧向导的手。但我在岩石上踩不稳，而且我们之间的抓力在变松，我踢掉了人字拖，然后正当我用一只膝盖压在这块岩石上的时候，利瓦失去了平衡。

向导此时承受着我和利瓦以及我们背包的重量，而且一切都被急流裹挟着，我敢肯定这就是当时的情况了。利瓦向我们喊道把他松开，否则我们都会被卷走,但不知怎地我们竟然坚持住了并且握紧了每个人的手。我听到苏珊娜又尖叫了起来。我设法将一只脚踩在岩石上,然后把利瓦也拉了上来。我们都爬上了那块岩石,此时只需要趟过去,走到安全的岸边。

这是个惊险时刻,我直到现在也不知道我们是怎么做到的。苏珊娜哭了起来。我感到浑身躁动,体内充满了肾上腺素,这让我大声吼了出来,"啊!!"刚才真是太吓人了。

马达加斯加正在向我们展现最恐怖的一面。

我们真的能做么? 从被困在山上到被暴涨的河水拦住……道路艰辛,令人筋疲力尽。

我们终于接近了安比卢贝(Ambilobe),正当我们走上国道的时候,我的凉鞋又坏了。我们继续走着。我浑身湿透,一只凉鞋穿在脚上,另一只拿在手里,裤子挂在身上。麦克斯打着赤脚。苏珊娜一瘸一拐。我们的状况糟透了。旅程比我预计的艰辛得多,但经过两三次侥幸脱险之后——例如我们在那条河里度过的惊恐时分,我们都活着走出来了。

重回文明世界之后,我们用一顿大餐犒劳了自己一番。我们点了披萨、薯条、意大利烤面包片、大虾冷盘和浇了巧克力的薄饼,一边吃一边回顾过去的几天。我们经历了生死时刻,尤其是苏珊娜在那条河里的时候。那太吓人了——对她是如此,对我也是如此,因为我感觉自己对她负有责任。简直不敢想象如果我们松了手会发生什么。这是她经历过的最艰难的事情,她这样说道,紧张地笑着。她很坚强,克服了很多困难。

我们所有人都安全地走下了那座山,这让我感觉非常高兴。

在第 146 天,我醒来之后直奔淋浴而去,满心兴奋地准备出发。我对接下来的 4 天一点也不担心:只是一段轻松易行的柏油路,它会将我们带到迭戈(Diego),马达加斯加最北边的城市,距离最北端很近。在我们离开之后,我到处寻找防晒霜和袜子,但怎么也找不到,但我在找的时候吃了很多冰淇淋。

苏珊娜和利瓦正在收拾行李,准备返回塔那那利佛。我拥抱了苏珊娜,对她说保持联系并祝她返程顺利。她祝我和麦克斯在最后一段路一路顺风。我感谢了利瓦对团队作出的贡献。对于刚刚结束的那段路程,不会有新加入者比利瓦有更好的表现了——他是个真正的斗士,我很欣赏这一点。我们都拥抱了彼此并挥手道别,希望能在塔那那利佛这座大城市再见到彼此。

迭戈又名安齐拉纳纳（Antsiranana），前往那里的旅程一路顺畅。最后一天下起了雨，但麦克斯和我都状态良好，而且我对于旅程的结束感到非常兴奋。我想继续向前，但我已经受邀前往最后一个保护区，去看看那里的北鼬狐猴，它是世界上最珍稀的灵长目动物之一。

由于是飓风季，天仍然在下雨。在迭戈，我们搭了一辆四轮驱动越野车前往那座国家公园，但是它在深深的淤泥里抛锚了。一大群人过来帮我们把车推了出来，但我们再次抛锚，不得不开始步行。不过我们最后还是抵达了我们的目的地。这里的保育人士正在增加这种严重濒危物种的数量；他们在教育当地人，并为他们提供可以砍伐树木继续种植庄稼的区域，这样他们就不会破坏作为这种狐猴自然环境的森林了。这里做成了很多好事，而我很幸运地见到了一只北鼬狐猴，这种身材小巧、动作敏捷的生物长着一双棕色的大眼睛。对我的马达加斯加体验来说，这似乎是个很合适的尾声。

然后我们就只剩下前往昂布尔角（Cap D'Ambre）的最后一段步行了，这段路程只需要两天时间。马达加斯加的最北端就像箭头一样从这座岛屿的其他部分上伸出来，所以我们必须找一艘船，渡过一小片水域。我们和两个年轻的当地人出发了，他们说自己曾经去过那里，愿意为我们带路，只收一小笔钱；我们只想抵达终点，所以能找到路线真是太好了。

这两天的步行和露营完全是地狱。道路是纯粹的泥巴和沼泽地。我在头一两个小时就弄坏了我的凉鞋，不得不向其中一个小伙子借了一双尺码太小的训练鞋，这双鞋非常破旧，鞋底都磨薄了。我们浑身又湿又冷，进展非常缓慢，老是陷在泥里。我已经做好一切准备到达终点了，但仍然需要克服巨大的困难。

155天之后，我们抵达了荒蛮、空旷的昂布尔角，这里有一座灯塔，俯视着深蓝色的海涛。终点就在脚下，我希望我可以说自己感觉非常棒，但我只感觉自己早就该到了。经历了所有惊险时刻之后，我能说的就是我很高兴能全须全尾地抵达终点。我躲过了南方危险的土匪，疟疾没有阻止我，我还活着翻过了那座山脉和那些汹涌的河流。我如释重负。

没有辉煌的结尾，那里没有人等着见到我们，为我们开一瓶香槟；什么也没有。麦克斯反对喝酒，而且就算我们想喝，周围也一个人都没有。我们欢呼了一下,然后就开始准备原路返回的两日旅程了。

当我们回到迭戈时,我终于可以将背包放下,知道自己有一阵子不必拿起它了。我们每人来了一杯香蕉奶昔。旅程终于结束了,我非常非常高兴。

结语：继续前行

我完全不知道在完成我的探险之旅后会发生什么，但这正是冒险征程的美妙之处。如果我失败了，至少我尝试过。我获得的成功为我带来了许多机会。只是给了自己一个放手一搏的机会，我就拥有了如此之多的东西。

努力奋斗、专心致志、正确的计划和训练，它们是取得成功的重要配方。完好无损地回到家的感觉当然很好，但是一回到家，我就踏上了全新的冒险。

完成两段世界首次远征探险让很多媒体对我产生了兴趣。我发现自己出现在电视上、报纸上，还有许多杂志文章里。这种很棒的曝光度对我在探险界的职业生涯起到了催化剂的作用，还为我的下一步行动大大提升了可信度，尤其是在寻找赞助商的时候。

我还幸运地受邀前往许多中学和企业发表演讲,不光是在英国国内,还包括一些海外的地方。我猜这是我喜欢做的事情带来的副产品。探索他人未曾涉足过的地方,沉浸在各地文化和多样性中,同时挑战自己在极端条件下的极限。这就是我,而我感觉自己才刚刚开始。

在 16 岁的年纪学会制作思维导图真的很有用。将每个目标分解成我需要完成的各个步骤,这个习惯一直跟随着我,甚至在后来的日子里帮我走出困境,在戈壁沙漠中救了我的命。无论我的目标是什么,我总是一步步地给自己列出一张清单,包括我需要做的事情以及需要先制定什么目标。它能帮助我计划。我的生活充满了清单。

我对自己探险的计划过程感到非常兴奋。对自己选择的目的地的热情和激情在早期阶段暗流汹涌,让我迫不及待地想要开始。

像许多其他国家一样,我穿越的这两个国家自有其艰难之处,而我很自然地会在自己的旅途中强调路上的艰难险阻。在马达加斯加和狐猴保护网络组织的合作对我来说是巨大的荣幸,他们的工作是无价的。与英国阻击疟疾组织(Malaria No More UK)一道提高人们对这种疾病可怕后果的认识,对我来说也是一次很好的学习机会，特别是我本人感染了疟疾之后，我对这个组织的辛勤工作和奉献更是充满了崇敬之情。

通过我的旅行和冒险，我的自信心得到了增强，而且我锻炼了自己的韧性和决心。但我总是会倾听路上遇到的其他人并从他们身上学习。我想我学习的第一拨人当然就是我的父母，尤其是我爸，他在早期计划阶段为我提供了巨大的帮助，他的指导和建议是无价的。他们总是支持我的选择，这很重要，对我很有帮助。同样帮助我成长的是，他们说我要是想实现自己的目标或者梦想，就必须努力工作，攒到我需要的钱。我必须自己学会做事情和自我激励，这是重要的一课。无论你想做什么，机会都在那里，而去探索这些机会取决于你。如果没有人能看到你的能力，真的没有关系；重要的是你自己能看到你的能力！在某种程度上，我希望我分享的故事能够为你自己的人生旅程提供激励和鼓舞。

世界很大，亲爱的读者，我热烈地请求你前往那些你从未去过的地方，做那些你从未做过的事情。因为这会让你心潮澎湃——当你心潮澎湃的时候，你才是在真正地活着……

致　谢

　　我首先要感谢我的父母,感谢他们的指引和对我如此深切的支持和信任,感谢他们因为我度过的所有那些无眠的夜晚。

　　感谢我的家人、朋友和所有支持者,他们一直是我的坚强后盾,给我发来鼓励的消息;能够和每个人分享我的经历并得到积极的回应,没有什么比这更能让人保持谦卑和受到激励了。

　　感谢我在蒙古和马达加斯加的后勤经理罗伯·米尔斯和吉勒斯·戈蒂埃,感谢他们提供的专业知识和服务,让这两场远征成为可能。

　　感谢 Blackshaman 公司的简雅和奥吉在后勤方面提供的帮助,同样要为此感谢 Madamax 公司的 Manantena。他们付出了极大的专注和热忱提供帮助,让探险走在正轨上,我为此十分感激。

感谢带领我走过马达加斯加的三位向导——麦克斯、米和乔，他们让这场探险得以完成。他们是如此可靠的人，在我面临危险时坚定地站在我身边，我们一起走过了艰难困苦，但度过重重考验之后变得更加强大了。

我还要感谢 Jennifer Barclay，感谢她在这本书上付出的辛勤工作和耐心。

我也很高兴我的书能在中国大陆出版。这本书的大陆版面世时，我正要在中国开始新的冒险，我将从长江的源头走到入海口，估计需要一整年的时间。欢迎大家在我的微博@AshDykes 上跟我一起冒险。

感谢我的编辑职烨小姐，她帮助这本书在大陆顺利出版。感谢上海三联书店，让这么多中国的读者读到我的故事。感谢版权公司"大苹果"。

非常感谢我的赞助人和支持者们：

Craghoppers

Fit Conwy

Felix Gill

Silvergate Plastics

Progress School of Motoring

Edge Transport

Burbidge's Bakery

Pioneer Expeditions

Haglofs

Hench Nutrition

Lemur Network Conservation

Maui Jim

Suzanna Tierie

Paul Woosey

Jen Barclay

Sean Knott,摄影

Mark Lucas,平面设计和艺术指导

Water-to-go

图书在版编目（CIP）数据

挑战不可能：十年非凡冒险经历/［英］阿什·戴克斯（Ash
Dykes）著；王晨译. —上海：上海三联书店，2018.5
  ISBN 978 - 7 - 5426 - 6230 - 9

  Ⅰ.①挑… Ⅱ.①阿…②王… Ⅲ.①成功心理－通俗读
物 Ⅳ.①B848.4 - 49

  中国版本图书馆 CIP 数据核字（2018）第 036689 号

挑战不可能：十年非凡冒险经历

著　　者／［英］阿什·戴克斯（ASH DYKES）
译　　者／王　晨

责任编辑／职　烨
装帧设计／一本好书
监　　制／姚　军
责任校对／张大伟

出版发行／上海三联书店
　　　　　（201199）中国上海市都市路 4855 号 2 座 10 楼
邮购电话／021 - 22895557
印　　刷／上海盛通时代印刷有限公司

版　　次／2018 年 5 月第 1 版
印　　次／2018 年 5 月第 1 次印刷
开　　本／787×1092　1/32
字　　数／100 千字
印　　张／9
书　　号／ISBN 978 - 7 - 5426 - 6230 - 9/B·561
定　　价／35.00 元

敬启读者，如发现本书有印装质量问题，请与印刷厂联系 021 - 37910000